はじめてでもかんたんに作れる

通園◉通学バッグと小物

kcoton 山本清野

マイナビ

もくじ

Part 2
切り替え・ポケット・マチ付きバッグと巾着　　37

もくじ

Part 4

便利でかわいいお出かけアイテム 89

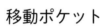

本書の使い方

○ ほとんどの作品は、採寸後、直接生地に書き込んでつくることができます。やや複雑な作品には型紙を用意しています。

○ 型紙はすべて縫い代込みです。

○ 巻末のアップリケ型は原寸をイメージしています。コピーの上、切り抜いて使っていただくか、好みのサイズにアレンジしてご使用ください。

○ 図の数字の単位はすべて「cm」です。

○ 図の数字の単位はすべて縫い代込みの長さです。

○ 完成サイズはすべて目安です。

○ 生地の固定はマチ針でもクリップでも構いませんが、重なった生地のずれを防ぐにはマチ針、厚みが出た場合はクリップを使用してください。

○ 生地を重ねて採寸・裁断する際は、中表（P.9）で行ってください。

⊞ 生地について ---------------------------------

裁縫をするために必要な知識や、便利な道具についてご紹介します。
基本的な知識を身に付けておくだけで仕上がりに違いが出ますので、ぜひ知って
おいてください。

○ 生地について

裁縫にとって生地選びは非常に大切。生地の基本を知り、きれいで丈夫な作品に
仕上げましょう。

- 布目（地の目）… 生地には、横糸と縦糸の織り目（布目）があります。種
  類は横地（W）、縦地（H）、バイアス地の3種類です。

- 横地 ………… 横糸の方向で耳と直角。伸縮性があります。

- 縦地 ………… 縦糸の方向で耳と並行。伸縮性はあまりありません。

- バイアス地 … 斜め方向で縦地と横地から45°。かなり伸縮性があります。

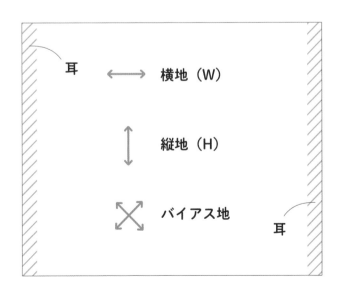

◯ 水通しと地直し

つくり始めるまえにやっておきたいのが、生地の準備です。このひと手間をかけることで布目のゆがみを整えられるので、より美しく仕上がります。
水通しと地直しをすることで、生地を縮ませ、布目が揃うという効果があります。また、色落ちを防ぎ、糊を落とすことも目的です。

・水通し

裁断前の生地を蛇腹にたたみ、たっぷりの水に約2時間浸ける。

軽く絞るか洗濯機で1分程度脱水し、布目の交差が直角になるように整える。

③

半乾きになるまで陰干しする。このとき、洗濯ばさみは使わず、物干しざおなどに干すとゆがみを防げる。

2 hours

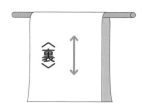

〈裏〉

・地直し

半乾きの状態で、布目が垂直になるように引っぱる。

半乾きの状態のまま、裏面から布目に沿ってアイロンをかける。

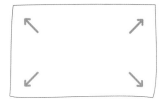

アイロン

○ 生地の合わせ方

生地を重ねる説明の際に出て
くる「中表」と「外表」につ
いてです。「中表」は 2 枚の
生地の表面が内側、「外表」
は 2 枚の生地の表面が外側を
向いている状態です。

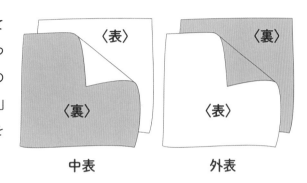

○ 生地の組み合わせ方

好みの生地を自由に組み合わせるのが基本ですが、悩んだら「柄の中にある 1 色」
を使いましょう。メインの柄を決めた後、それに含まれる色と同じ、または似た
色を組み合わせると好相性。生地の質も同種を選ぶのがおすすめです。

ミシン針と糸について

お気に入りの生地を選ぶことはもちろんですが、それに合った針と糸も大切です。
本書の作品は「普通地」が基本なので、11 号のミシン針と 60 番の糸で問題あり
ません。

ミシン針	数字が小さいほど細く、大きいほど太くなる
糸	数字が小さいほど太く、大きいほど細くなる

生地	ミシン針	糸
薄地	9 号	90 番
普通地	11 号	60 番
厚地	14 号	30 番

🔘 道具について

最低限必要な道具と、あると便利な道具をご紹介します。

○ 必要な道具

・ミシン

本書の作品は、直線縫いができればすべてつくれます。家庭用で十分です。

・マチ針

重ねた生地同士を固定したり、布同士のずれを防ぐために使います。

・アイロン

地直しや仕上げはもちろん、縫い目を割ったり折り目を付けたりする際にも必須です。

・定規

30cm 定規があれば問題ありませんが、裁断用に 50cm 定規もあるとよいでしょう。

・裁ちばさみ

紙用ではきれいに切れません。生地を裁つときは必ず裁ちばさみで行いましょう。

・糸切りばさみ

糸はもちろん、細かい部分をカットするのにも便利です。

・チャコペン

生地の採寸や印を付けるのに使います。自然に消えるタイプがおすすめです。

・目打ち

角をきれいに出す際に便利です。ホックを付けるための穴を開けたり、縫い目をほどく役割も。

・ひも通し（ゴム通し）

挟み式がスタンダードですが、ロングタイプなどいろいろな種類があります。

☆ あると便利な道具

・**仮止めクリップ**
　厚みのある生地を重ねたときや、マチ針の穴が残りやすい生地を扱うときに便利です。

・**アイロン定規**
　測りながらアイロンをかけられる定規。裾の三つ折りなど、一定の寸法で折り目を付けるときに便利。

・**スライド式ゲージ**
　印付け用の多機能ゲージです。コンパスの代わりにもなる優れもの。

・**マグネットシームガイド**
　縫い代をずらさずに縫えるので、縫い代の幅を揃えるのに役立ちます。

・**クリップ式ゴム通し**
　強力なクリップでゴムやひもをしっかり挟むので、途中で落ちずにスムーズに素早く通せます。

・**ループ返し**
　細めのループを表に返すのは少々厄介ですが、これがあれば挟んで押し込むだけ。中芯もかんたんに通せます。

Part 1
手さげバッグ
P.22

Part 1
上ばき入れ
P.26

Part 1

お着がえ袋・体操着入れ
P.30

Part 2
レッスンバッグ
P.38

Part 2
マチ付き巾着
P.47

Part 2
ポケット付きバッグ
P.42

Part 2
リュック型巾着
P.51

Part 3
お弁当袋
P.60

Part 3
保温ランチトートバッグ
P.64

Part 3
コップ袋
P.68

Part 3
サイズに合わせて
つくる水筒カバー
P.72

Part 3
ランチョンマット
P.76

Part 3
カトラリーケース
P.78

Part 3
エプロン
P.81

Part 3
三角巾
P.86

Part 4
ポシェット
P.90

Part 4
移動ポケット
P.100

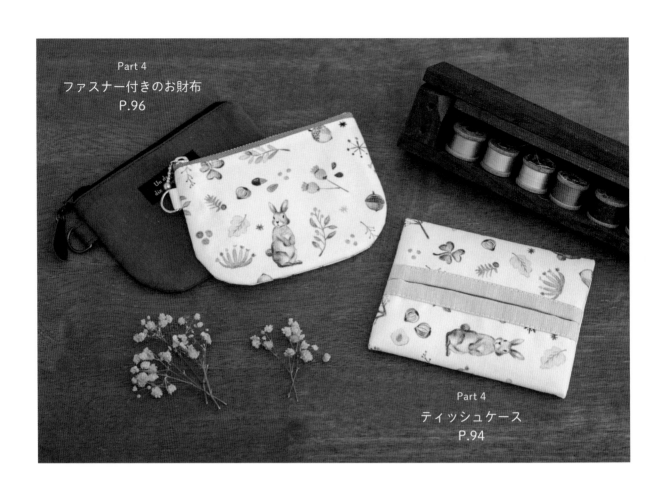

Part 4
ファスナー付きのお財布
P.96

Part 4
ティッシュケース
P.94

Part 4
お名前キーホルダー
P.104

Part 1

はじめての
通園・通学バッグ3点セット

幼稚園・保育園や小学校で必要になる、手さげバッグやお着がえ袋。
かんたんにつくれるので、初心者でも大丈夫。
まずは基本の3点セットから始めましょう。

手さげバッグ

動画も
CHECK！

さまざまな用途で活躍する、裏地付きのバッグ。
まずは定番の手さげバッグから始めましょう。
サイズ変換表を参考にリサイズすれば、大人仕
様もつくれます。

×××

【完成サイズ（M）】
横 40cm　縦 30cm

【材料】
表地：横 42 ×縦 32cm（2枚）
裏地：横 42 ×縦 32cm（2枚）
持ち手ひも：幅 2.5 ×長さ 40cm（2本）
※縦長 A4 バッグは 55cm

○サイズ変換表

		S	M	L	縦長 A4 バッグ
完成サイズ	横	36	40	45	35
	縦	30	30	33	40
生地サイズ	横	38	42	47	37
	縦	32	32	35	42

(単位：cm)

○好きなサイズでつくる場合の計算式

生地サイズ	横	完成サイズ＋2
	縦	完成サイズ＋2

(単位：cm)

【使用生地】
表地：防水オックス生地 Fawn
　　　／デコレクションズ
裏地：綿ポリダンガリーストライプ（5mm ストラ
　　　イプ ミントグリーン）／生地のマルイシ

【生地の裁ち方】

〈表地〉

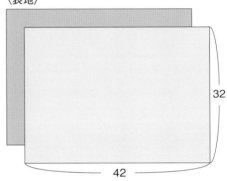

32

42

〈裏地〉

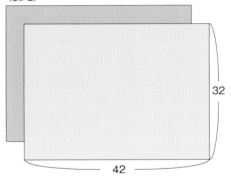

32

42

【縫い方手順】

①裏地の底をカットする
②持ち手ひもを仮縫いする
③表地を縫い合わせる
④裏地を縫い合わせる
⑤裏地・表地の底にアイロンをかける
⑥返し口の印を付ける
⑦裏地を返して表地の中に入れる
⑧表裏の縫い代を固定して
　返し口を残して縫う
⑨すべて表に返して角を出す
⑩返し口を折ってアイロンをかける
⑪仕上げの押さえミシンをかける

❶ 裏地の底をカットする

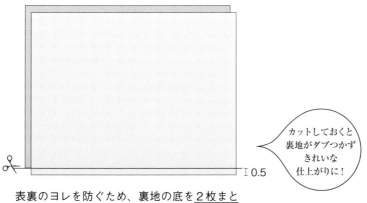

カットしておくと
裏地がダブつかず
きれいな
仕上がりに！

表裏のヨレを防ぐため、裏地の底を<u>2枚まと
めて</u> 0.5cm カットする

❷ 持ち手ひもを仮縫いする

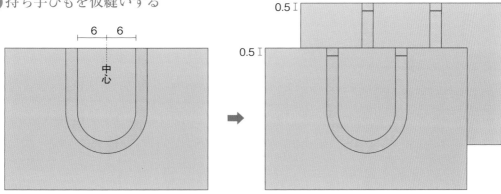

表地の中心から左右に6cmずつ測って印を付
け、持ち手ひもの内側を合わせて固定する

持ち手ひもの上端から0.5cm下を縫う。同じ
ものを2つつくる

❸ 表地を縫い合わせる　❹ 裏地を縫い合わせる

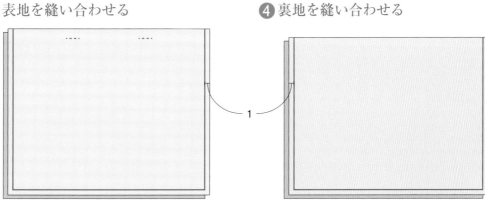

表地を<u>中表で</u>合わせ、両端と底を縫い代
1cmで縫う

裏地を<u>中表で</u>合わせ、両端と底を縫い代
1cmで縫う

❺ 裏地・表地の底にアイロンをかける

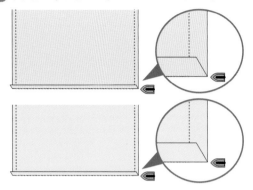

裏地の底を縫い目に沿って折り、アイロンをかける。表地も同じように、底を縫い目に沿って折り、アイロンをかける

❻ 返し口の印を付ける

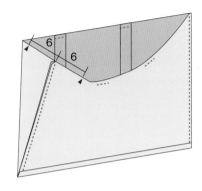

表地の片側の縫い目を中心にして、左右に6cm ずつ測って印を付ける

❼ 裏地を返して表地の中に入れる

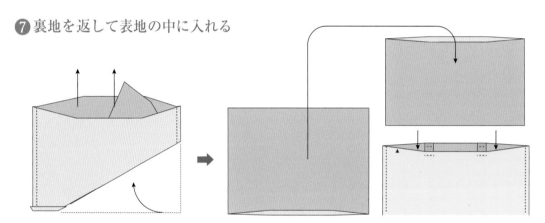

裏地を<u>外表</u>になるように返す　　　返した裏地を、<u>中表</u>になるように表地に入れる

❽ 表裏の縫い代を固定して返し口を残して縫う

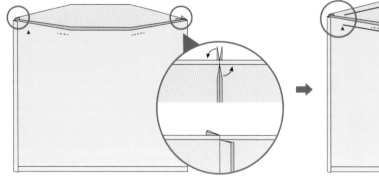
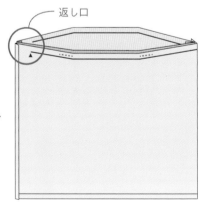

表裏の縫い代が厚くなりすぎないように、<u>異なる方向に縫い代を倒して</u>固定する

❻で印を付けた返し口12cm を残し、縫い代1cm で1周縫う

返し口

❾ すべて表に返して角を出す

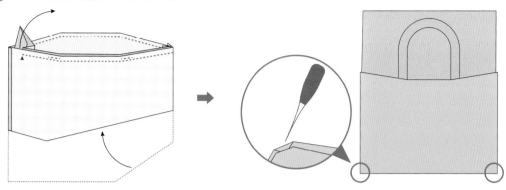

返し口からすべて表に返す

目打ちなどでしっかりと角を出す

❿ 返し口を折ってアイロンをかける

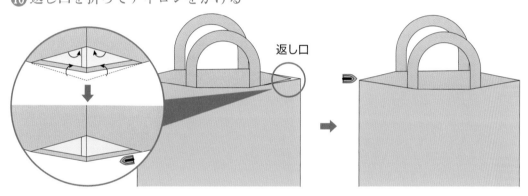

返し口

裏地を表地の中に入れ、返し口を1cm内側
に折り、アイロンをかける

バッグの口をアイロンで押さえる

⓫ 仕上げの押さえミシンをかける *Fin*

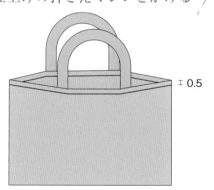

⊥ 0.5

<u>返し口の中心を始点として、</u>
上端から0.5cm下を1周縫う

上ばき入れ

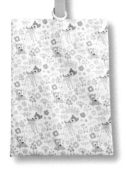

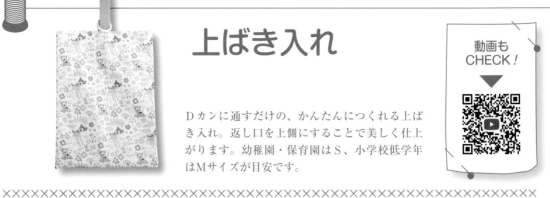

Ｄカンに通すだけの、かんたんにつくれる上ばき入れ。返し口を上側にすることで美しく仕上がります。幼稚園・保育園はＳ、小学校低学年はＭサイズが目安です。

動画も
CHECK！

×××

【完成サイズ（Ｍ）】

横 23cm　縦 30cm

【材料】

表地：横 25 ×縦 32cm（2 枚）
裏地：横 25 ×縦 32cm（2 枚）
持ち手ひも：幅 2.5 ×長さ 8 cm、35cm
Ｄカン

○サイズ変換表

		S	M	L
完成サイズ	横	20	23	25
	縦	26	30	35
生地サイズ	横	22	25	27
	縦	28	32	37

(単位：cm)

○好きなサイズでつくる場合の計算式

生地サイズ	横	完成サイズ + 2
	縦	完成サイズ + 2

(単位：cm)

【使用生地】

表地：防水オックス生地 Fawn
　　　／デコレクションズ
裏地：綿ポリダンガリーストライプ（5mm ストライプ ミントグリーン）／生地のマルイシ

【生地の裁ち方】

〈表地〉

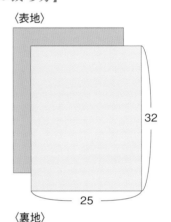

32

25

〈裏地〉

32

25

【縫い方手順】

①裏地の底をカットする
②持ち手ひもを仮縫いする
③表地を縫い合わせる
④裏地を縫い合わせる
⑤裏地・表地の底にアイロンをかける
⑥裏地を返して表地の中に入れる
⑦表裏の縫い代を固定する
⑧返し口の印を付ける
⑨返し口を残して縫う
⑩すべて表に返して角を出す
⑪返し口を折ってアイロンをかける
⑫仕上げの押さえミシンをかける

❶ 裏地の底をカットする

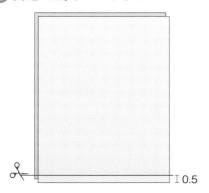

表裏のヨレを防ぐため、裏地の底を<u>2枚まとめて</u> 0.5cm カットする

❷ 持ち手ひもを仮縫いする

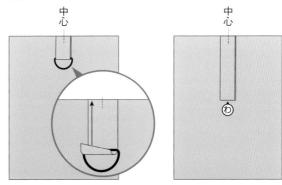

表地の中心に印を付け、<u>短い方</u> の持ち手ひもをDカンに通して固定する

もう1枚の表地の中心に印を付け、<u>長い方</u> の持ち手ひもを半分に折って固定する

固定した持ち手ひもの上端から 0.5cm 下を縫う

❸ 表地を縫い合わせる

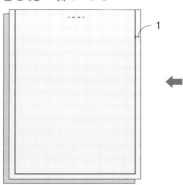

表地を<u>中表</u>で合わせ、両端と底を縫い代1cm で縫う

❹ 裏地を縫い合わせる

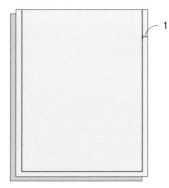

裏地を<u>中表</u>で合わせ、両端と底を縫い代1cm で縫う

❺ 裏地・表地の底にアイロンをかける

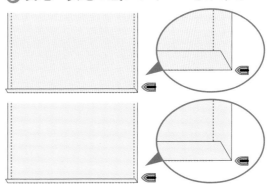

裏地の底を縫い目に沿って折り、アイロンをかける。表地の底も縫い目に沿って折り、アイロンをかける

❻ 裏地を返して表地の中に入れる

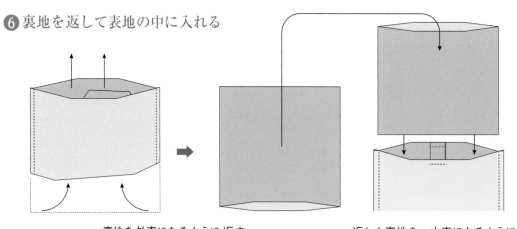

裏地を**外表になるように**返す

返した裏地を、**中表になるように**
表地に入れる

❼ 表裏の縫い代を固定する

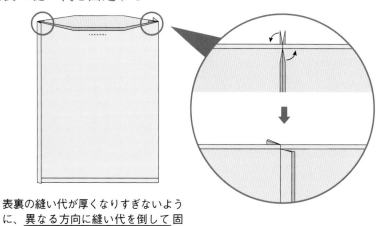

表裏の縫い代が厚くなりすぎないよう
に、**異なる方向に縫い代を倒して固**
定する

❽ 返し口の印を付ける

5　5

表地の片側の縫い目を中心にして、左
右に5cmずつ測って印を付ける

❾ 返し口を残して縫う

返し口

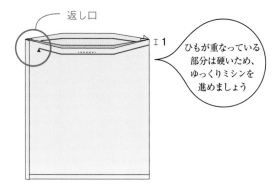

I 1

ひもが重なっている
部分は硬いため、
ゆっくりミシンを
進めましょう

❽で印を付けた返し口10cmを残し、
縫い代1cmで1周縫う

⑩ すべて表に返して角を出す

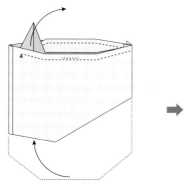

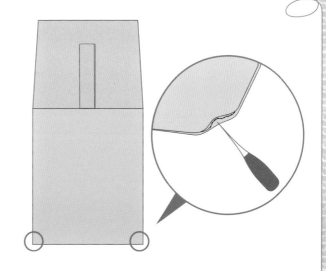

返し口からすべて表に返し、目打ちなどでしっかりと角を出す

⑪ 返し口を折ってアイロンをかける

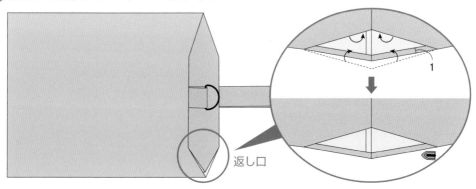

返し口

1

裏地を表地の中に入れ、返し口を1cm内側に折り、アイロンをかける

⑫ 仕上げの押さえミシンをかける Fin

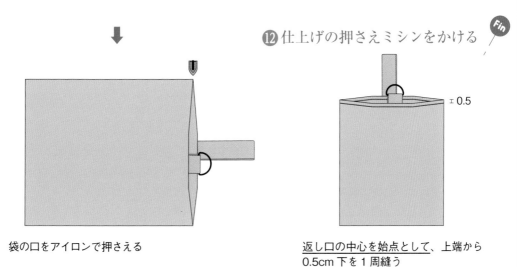

袋の口をアイロンで押さえる

ェ0.5

返し口の中心を始点として、上端から0.5cm下を1周縫う

お着がえ袋・
体操着入れ

動画も
CHECK！
▼

手さげ袋や上ばき入れとお揃いの生地でつくるのがおすすめ。小さいサイズでつくれば、コップ袋にもなるので、お気に入りのハギレも活用できます。

×××

【完成サイズ（M）】

横 35cm　縦 40cm

【材料】

表地：横 38 ×縦 42cm（2 枚）
裏地：横 38 ×縦 42cm（2 枚）
ひも：80cm（2 本）

○サイズ変換表

		S	M	L
完成サイズ	横	28	35	36
	縦	35	40	43
生地サイズ	横	31	38	39
	縦	37	42	45

（単位：cm）

○好きなサイズでつくる場合の計算式

生地サイズ	横	完成サイズ＋3
	縦	完成サイズ＋2
ひも		完成サイズ横 ×2 ＋10

（単位：cm）

【使用生地】

表地：防水オックス生地 Fawn
　　　／デコレクションズ
裏地：綿ポリダンガリーストライプ
　　　（5mm ストライプ ミントグリーン）
　　　／生地のマルイシ

【生地の裁ち方】

〈表地〉

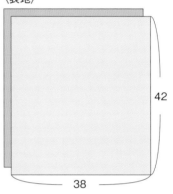

42

38

〈裏地〉

42

38

【縫い方手順】

①裏地の底をカットする
②表地と裏地を縫い合わせる
③切り替え部分を固定して印を付ける
④ひも通し口と返し口を残して1周縫う
⑤縫い目を割ってアイロンをかける
⑥上下の縫い代を折り上げる
⑦すべて表に返して角を出す
⑧返し口を縫い閉じる
⑨裏地を中に入れて形を整える
⑩通し口を縫ってひもを通す Fin

❶ 裏地の底をカットする

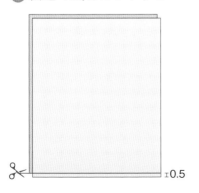

表裏のヨレを防ぐため、裏地
の底を 2枚まとめて 0.5cm
カットする

❷ 表地と裏地を縫い合わせる

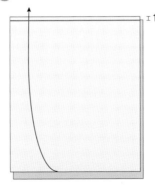

表地と裏地を中表で合わ
せ、上辺を縫い代1cmで
縫う

生地を広げ、縫い目を割って
アイロンをかける。同じもの
をもう1つつくる

❸ 切り替え部分を固定して印を付ける

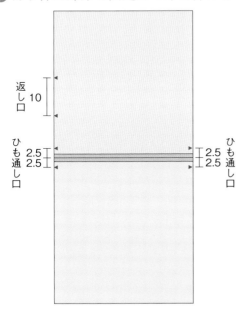

表地同士、裏地同士を中表で合わせ、切り替えが
ずれないように固定する。裏地側に10cmの返し
口の印を付ける。両側の切り替えの縫い目を中心
にして上下に各2.5cmのひも通し口の印を付ける

❹ ひも通し口と返し口を残して1周縫う

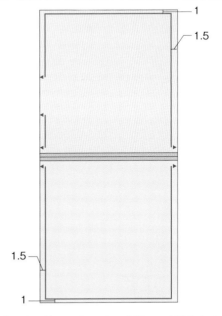

③で印を付けた返し口とひも通し口を固定する。
上下を縫い代1cm、左右を縫い代1.5cmで、
ひも通し口と返し口を残して縫う

❺ 縫い目を割ってアイロンをかける

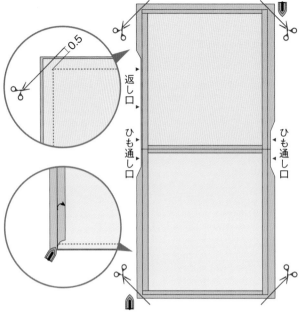

左右の縫い目を割ってアイロンをかける。返し口とひも通し口は反対側も倒してアイロンをかける。縫い目を避けて4つの角をカットする

❻ 上下の縫い代を折り上げる

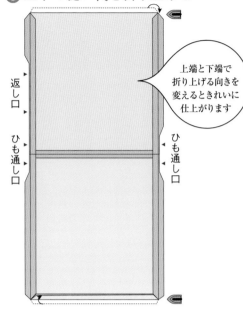

上端と下端で折り上げる向きを変えるときれいに仕上がります

上下の縫い代を縫い目に沿って折り上げてアイロンをかける

❼ すべて表に返して角を出す

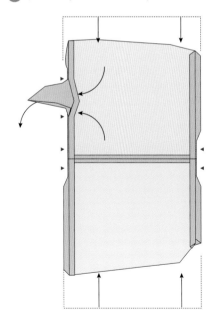

返し口からすべて表に返す

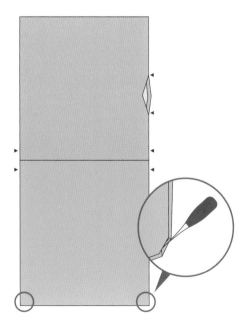

目打ちなどでしっかりと角を出す

❽返し口を縫い閉じる

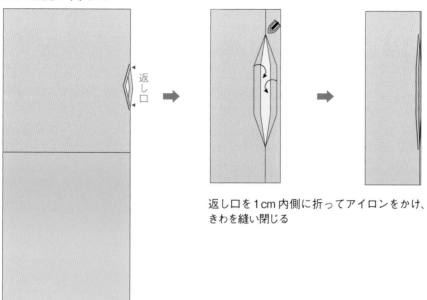

返し口を1cm内側に折ってアイロンをかけ、
きわを縫い閉じる

❾裏地を中に入れて形を整える

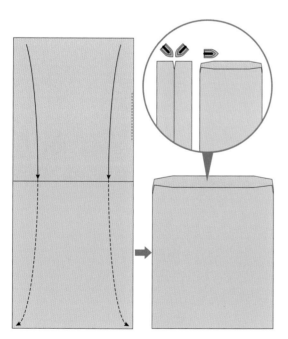

裏地を表地の中に入れて形を整えたら、袋の口
にアイロンをかける

❿通し口を縫ってひもを通す

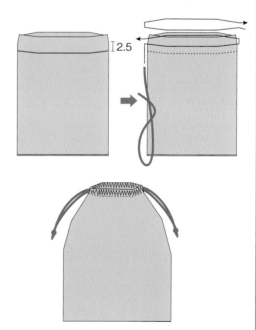

上端から2.5cm下を1周縫い、両側からひもを
通す

○キルティング＆アップリケ：幼稚園・保育園

生地をキルティングに替えてアップリケを付けると、
ふんわりキュートなイメージに。
アップリケ用のフェルトやリボンは100円ショップなどで手軽に手に入れて、
好みの形にカットして縫い付けるだけ！

手さげバッグ

目は
アウトラインステッチ！

お着がえ袋・体操着入れ

上ばき入れ

○ストライプ：小学校低〜高学年

落ちついた色をベースにしたストライプの生地を選べば、
大人っぽい雰囲気に仕上がります。
ワンポイントにシンプルなタグを付けるのもおすすめです。

手さげバッグ

タグは
市販のものでOK。
縫い付けるだけで
個性を出せます！

お着がえ袋・体操着入れ

上ばき入れ

Part 2

切り替え・ポケット・マチ付き バッグと巾着

基本の3点セットをマスターしたら、
表地を2枚使う切り替えバッグや
マチ付き巾着をつくってみましょう。

レッスンバッグ

動画も
CHECK！

Ａ４サイズがすっぽりと入るマチ付きのレッスンバッグです。防水オックス生地を使用し、裏地も付いているので、丈夫で汚れにも強いのが特長です。

×××

【完成サイズ】
横40cm　縦30cm　マチ6cm

【材料】
表地上：横42×縦23cm（2枚）
表地下：横42×縦26cm
裏地：横42×縦35cm（2枚）
持ち手ひも：40cm（2本）

【使用生地】
表地上：防水オックス生地 Milky rabbit
　　　　／デコレクションズ
表地下・裏地：綿ポリダンガリー（ピンクベージュ）
　　　　／生地のマルイシ

【縫い方手順】
①上下の表地を縫い合わせる
②もう片方の上布を縫い合わせる
③持ち手ひもを仮縫いする
④表地を縫い合わせる
⑤アイロンをかけてマチをつくる（表地）
⑥裏地の底をカットする
⑦裏地を縫い合わせる
⑧アイロンをかけてマチをつくる（裏地）
⑨裏地を返して表地の中に入れる
⑩表裏の縫い代を固定して
　返し口の印を付ける
⑪返し口を残して縫う
⑫すべて表に返して角を出す
⑬返し口を折ってアイロンをかける
⑭仕上げの押さえミシンをかける

【生地の裁ち方】

〈表地上〉

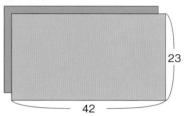

23

42

〈表地下〉

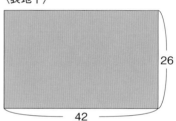

26

42

〈裏地〉

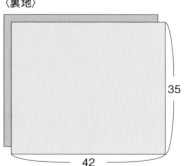

35

42

❶ 上下の表地を縫い合わせる

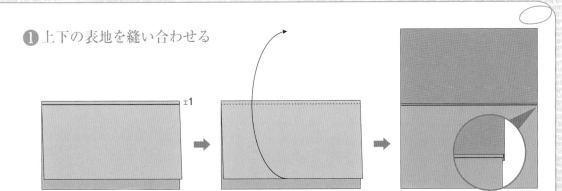

上下の表地を<u>中表で合わせ</u>、縫い代1cmで縫う。表向きに広げる

縫い代を下布側に倒す。下布の縫い目のきわに押さえミシンをかける

❷ もう片方の上布を縫い合わせる

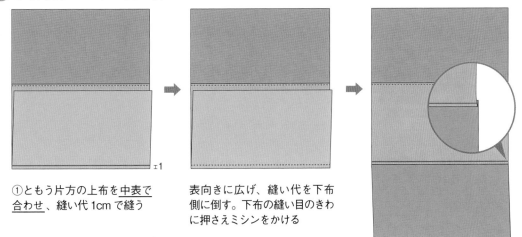

①ともう片方の上布を<u>中表で合わせ</u>、縫い代1cmで縫う

表向きに広げ、縫い代を下布側に倒す。下布の縫い目のきわに押さえミシンをかける

❸ 持ち手ひもを仮縫いする

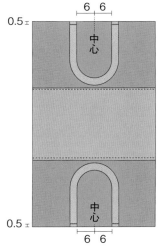

それぞれの表地の中心から左右に6cmずつ測って印を付け、持ち手ひもの内側を合わせて固定する。持ち手ひもの上端から0.5cm下を縫う

❹ 表地を縫い合わせる

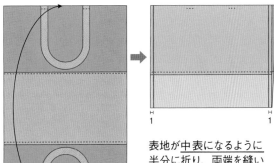

表地が中表になるように半分に折り、両端を縫い代1cmで縫う

⑤ アイロンをかけてマチをつくる（表地）

縫い目を割ってアイロンをかける

袋状になった生地を開いて底の
部分を三角に折る

それぞれの三角に6cmのマチを
測って縫い、縫い代を1cm残し
てカットする

⑥ 裏地の底をカットする

表裏のヨレを防
ぐため、裏地の
底を2枚まとめて
0.5cmカットする

⑦ 裏地を縫い合わせる

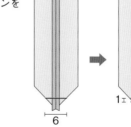

裏地を中表で合
わせ、両端と底
を縫い代1cm
で縫う

⑧ アイロンをかけてマチをつくる（裏地）

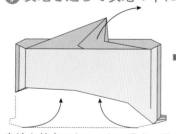

すべての縫い目を
割ってアイロンを
かける

袋状になった生地を開
いて底の部分を三角に
折る。それぞれの三角
に6cmのマチを測って
縫い、縫い代を1cm残
してカットする

⑨ 裏地を返して表地の中に入れる

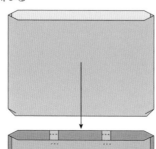
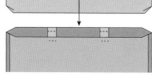
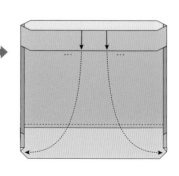

裏地を外表になるように返す。返
した裏地を、中表になるように表地
に入れる

⑩ 表裏の縫い代を固定して返し口の印を付ける

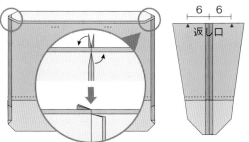

6 6
返し口

表裏の縫い代が厚くなりすぎないように、異なる方向に縫い代を倒して固定する。片側の縫い目を中心にして、左右に6cmずつ測って印を付ける

⑪ 返し口を残して縫う

⑩で付けた返し口12cmを残し、縫い代1cmで1周縫う

⑫ すべて表に返して角を出す

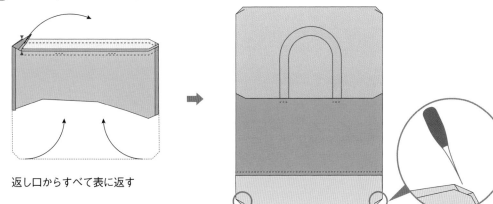

返し口からすべて表に返す

目打ちなどでしっかりと角を出す

⑬ 返し口を折ってアイロンをかける

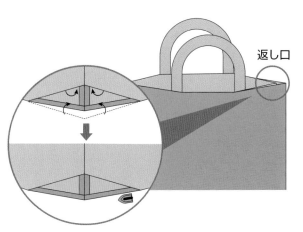

返し口を1cm内側に折り、アイロンをかける

⑭ 仕上げの押さえミシンをかける

Fin

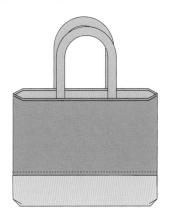

返し口

返し口の中心を始点として、上端から0.5cm下を1周縫う

ポケット付き
バッグ

動画も
CHECK！

内ポケットが便利な裏地付きバッグです。仕切りの数や幅も自由自在なので、入れたいアイテムに合わせて調整してください。

××

【完成サイズ】
横 40cm　縦 30cm

【材料】
表地：横 42 ×縦 32cm（2枚）
裏地：横 42 ×縦 32cm（2枚）
ポケット：横 42 ×縦 20cm
持ち手ひも：40cm（2本）

【使用生地】
表地：オックス生地 Penguin - yellow
　　　／デコレクションズ
裏地：綿ポリライトヒッコリー（ネイビー）
　　　／生地のマルイシ
ポケット：綿ポリライトデニム（ダークネイビー）
　　　／生地のマルイシ

【生地の裁ち方】

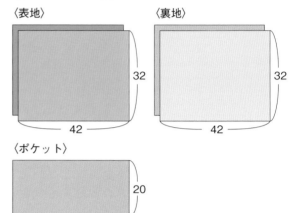

〈表地〉　　　　　〈裏地〉
32　　　　　　　32
42　　　　　　　42

〈ポケット〉
20
42

【縫い方手順】
①裏地の底をカットする
②ポケットをつくる
③ポケットを縫い付ける
④持ち手ひもを仮縫いする
⑤表地を縫い合わせる
⑥裏地を縫い合わせる
⑦裏地・表地の底にアイロンをかける
⑧返し口の印を付ける
⑨裏地を返して表地の中に入れる
⑩表裏の縫い代を固定して
　返し口を残して縫う
⑪すべて表に返して角を出す
⑫返し口を折ってアイロンをかける
⑬仕上げの押さえミシンをかける

❶ 裏地の底をカットする

表裏のヨレを防ぐため、裏地の底を
<u>2枚まとめて</u>0.5cmカットする

❷ ポケットをつくる

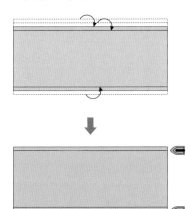

ポケットを裏向きにし、上辺を
1cm＋1cmの三つ折り、下辺
を1cm折ってアイロンをかける

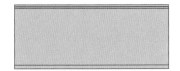

上辺（三つ折り）の折り目のき
わを縫う

❸ ポケットを縫い付ける

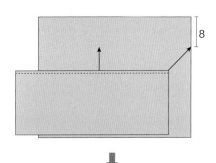

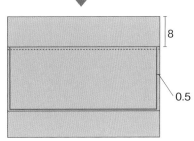

裏地の1枚を表向きにし、上端か
ら8cm下にポケットを固定する。
ポケットの口以外を縫い代0.5cm
で縫う

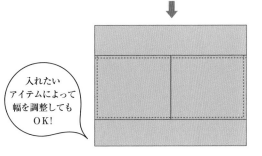

入れたい
アイテムによって
幅を調整しても
OK!

ポケットの中心を縫って仕切りをつくる

❹ 持ち手ひもを仮縫いする

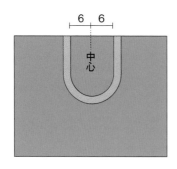

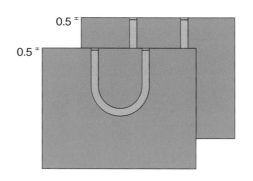

表地の中心から左右に6cmずつ測って印を付け、持ち手ひもの内側を合わせて固定する

持ち手ひもの上端から0.5cm下を縫う。同じものを2つつくる

❺ 表地を縫い合わせる

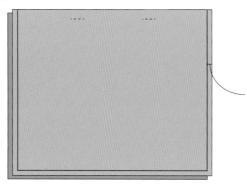

表地を中表で合わせ、両端と底を縫い代1cmで縫う

❻ 裏地を縫い合わせる

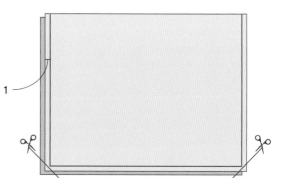

裏地を中表で合わせ、両端と底を縫い代1cmで縫う。縫い目を避けて左右の角をカットする（表地も）

❼ 裏地・表地の底にアイロンをかける

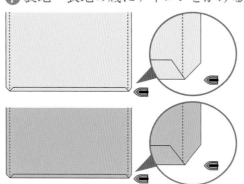

裏地の底を縫い目に沿って折り、アイロンをかける。表地も同じように、底を縫い目に沿って折り、アイロンをかける

❽ 返し口の印を付ける

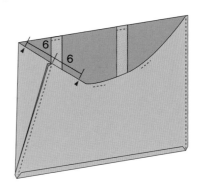

表地の片側の縫い目を中心にし、左右に6cmずつ測って印を付ける

❾ 裏地を返して表地の中に入れる

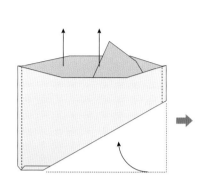

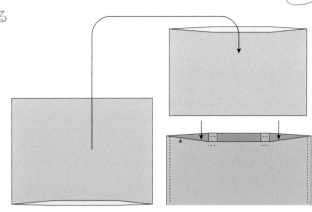

裏地を 外表になるように 返す

返した裏地を、中表になるように 表地に入れる

❿ 表裏の縫い代を固定して返し口を残して縫う

返し口

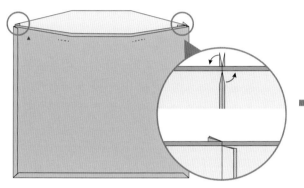

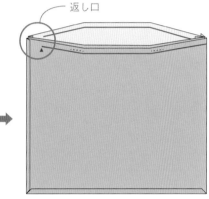

表裏の縫い代が厚くなりすぎないように、
異なる方向に縫い代を倒して 固定する

⑧で印を付けた返し口 12cm を残し、
縫い代 1 cm で 1 周縫う

⓫ すべて表に返して角を出す

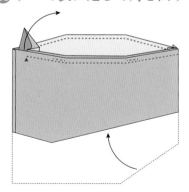

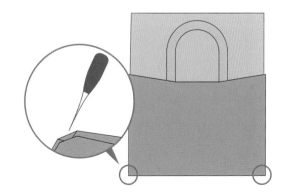

返し口からすべて表に返す

目打ちなどでしっかりと角を出す

⑫返し口を折ってアイロンをかける

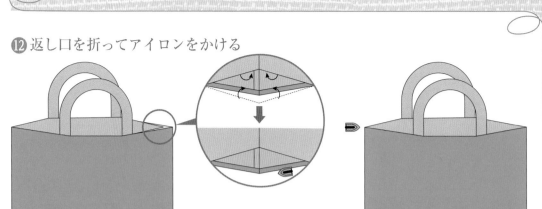

裏地を表地の中に入れ、返し口を1cm内側に折り、アイロンをかける

バッグの口をアイロンで押さえる

⑬仕上げの押さえミシンをかける Fin

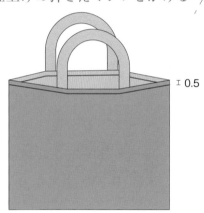

工 0.5

返し口の中心を始点として、上端から0.5cm下を1周縫う

マチ付き巾着

動画も
CHECK！

マチが付いた大きめの巾着です。表地の組み合わせを工夫したり、切り替え部分にアップリケを付けたりと、さまざまなアレンジを楽しんでください。

×××

【完成サイズ】
横 35cm　縦 40cm　マチ 6 cm

【材料】
表地上：横 38 ×縦 30cm（2 枚）
表地下：横 38 ×縦 32cm
裏地：横 38 ×縦 45cm（2 枚）
ひも：80cm（2 本）

【使用生地】
表地上：オックス生地 ピーチブロッサム（ピンク）
　　　　／デコレクションズ
表地下：ハーフリネン生地 02 ローズダスト（桃）
　　　　／デコレクションズ
裏地：綿ポリダンガリー（ピンクベージュ）
　　　　／生地のマルイシ

【生地の裁ち方】
〈表地上〉

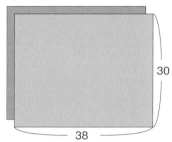

30

38

〈表地下〉

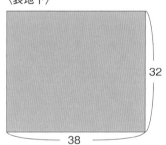

32

38

〈裏地〉

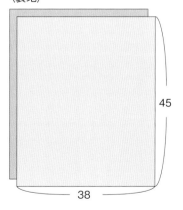

45

38

【縫い方手順】
①上下の表地を縫い合わせる
②もう片方の上布を縫い合わせる
③表地と裏地を縫い合わせる
④縫い目を割ってアイロンをかける
⑤ひも通し口と返し口の印を付ける
⑥ひも通し口と返し口を残して1周縫う
⑦マチをつくって縫う
⑧すべて表に返して形を整える
⑨通し口を縫ってひもを通す

❶ 上下の表地を縫い合わせる

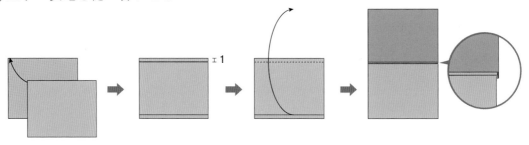

上下の表地を<u>中表で合わせ</u>、縫い代1cm
で縫う

表向きに広げ、縫い代を下布側に倒す。下布の縫い目の
きわに押さえミシンをかける

❷ もう片方の上布を縫い合わせる

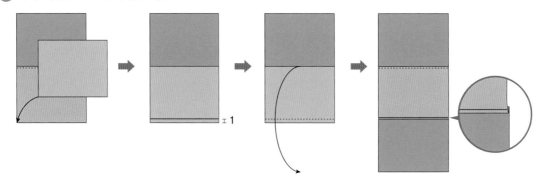

①の生地ともう片方の上布を中表で合わ
せ、縫い代1cmで縫う

表向きに広げ、縫い代を下布側に倒す。下布の縫い目の
きわに押さえミシンをかける

❸ 表地と裏地を縫い合わせる

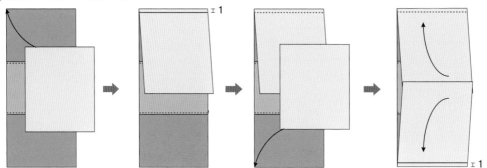

②と裏地を<u>中表で合わせ</u>、上辺を縫い代1
cmで縫う

反対側（下辺）も同じように縫い代1cmで縫う

❹縫い目を割って アイロンをかける

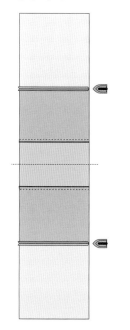

裏向きに広げ、縫い目を割ってアイロンをかける

❺ひも通し口と返し口の印を付ける

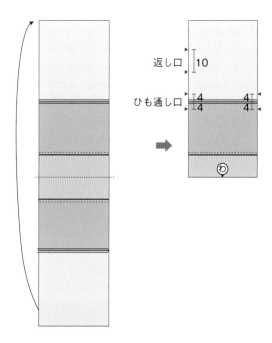

返し口 10

ひも通し口 4 4 4 4

中表になるように 半分に折り、切り替えがずれないように固定する。裏地側に10cmの返し口、両側の切り替えを中心にして上下に各4cmのひも通し口の印を付ける

❻ひも通し口と返し口を 残して1周縫う

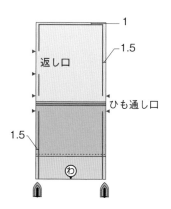

1
1.5
返し口
ひも通し口
1.5

❺で付けたひも通し口と返し口を残し、上下を縫い代1cm、左右を縫い代1.5cmで縫う。表地側の縫い目を割ってアイロンをかける

❼マチをつくって縫う

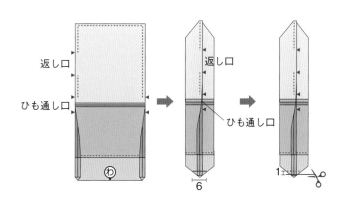

返し口
ひも通し口
ひも通し口
6
1

袋状になった生地を開いてすべての角を三角に折る。それぞれの三角に6cmのマチを測って縫い、縫い代を1cm残してカットする

⑧ すべて表に返して形を整える

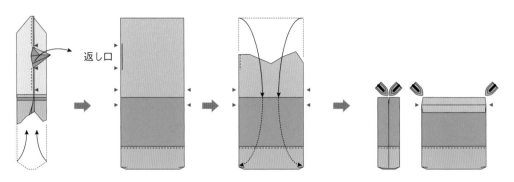

返し口からすべて表に返し、返し口を1cm内側に折ってきわを縫い閉じる。裏地を表地の中に入れ、通し口を半分に折って固定する

形を整えたら上辺（袋の口）にアイロンをかける

⑨ 通し口を縫ってひもを通す *Fin*

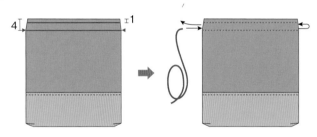

上端から4cm下を1周、1cm下をそれぞれ縫う

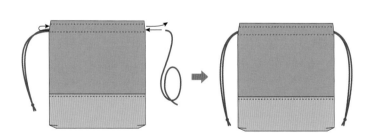

両側からひもを通す

リュック型巾着

動画も
CHECK！

両手が空くので荷物の多い日などに便利な、リュック型の巾着袋です。持ち手も付いているのでサブバッグやお着がえ袋としても活用できます。

×××

【完成サイズ】
横 36cm　縦 45cm

【材料】
表地：横 39 ×縦 47cm（2枚）
裏地：横 39 ×縦 47cm（2枚）
持ち手：横 8 ×縦 30cm（2枚）
タブ：横 7 ×縦 8 cm（2枚）
ひも：170cm（2本）

【使用生地】
表地：オックス生地 dinosaur ／デコレクションズ
裏地：綿ポリダンガリー（ティールブルー）
　　　／生地のマルイシ

【生地の裁ち方】

〈表地〉

47

39

〈持ち手〉

30

8

〈タブ〉

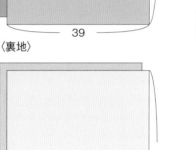

8

7

〈裏地〉

47

39

【縫い方手順】
①タブをつくる
②タブを縫い付ける
③持ち手をつくる
④持ち手を仮縫いする
⑤表地と裏地を縫い合わせる
⑥切り替え部分を固定して印を付ける
⑦ひも通し口と返し口を残して1周縫う
⑧縫い目を割ってアイロンをかける
⑨すべて表に返して角を出す
⑩返し口を折って閉じる
⑪裏地を中に入れて形を整える
⑫通し口を縫ってひもを通す
⑬ひもをタブに通す Fin

❶ タブをつくる

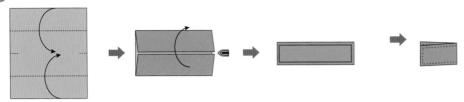

タブ用の布を裏に
向け、上下を折る

アイロンをかけ、さら
に半分に折る

きわに押さえミシンを1周かける。
半分に折る

❷ タブを縫い付ける

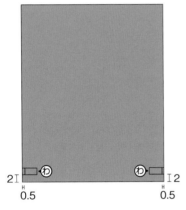

片方の表地を表に向け、下端から
2cm測る。両端にタブを固定して
縫い代0.5cmで縫う

❸ 持ち手をつくる

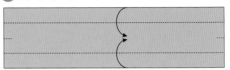

持ち手用の布を裏に向け、上下を折る

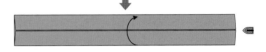

アイロンをかけ、さらに半分に折る

きわに押さえミシンを1周かける

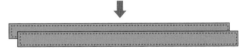

❹ 持ち手を仮縫いする

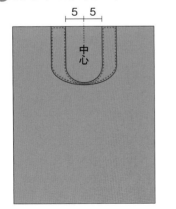

表地の中心から左右に5cmず
つ測って印を付け、持ち手の内
側を合わせて固定する

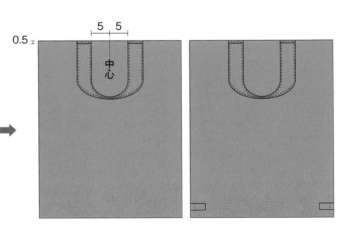

持ち手の上端から0.5cm下を縫う。同じものをもう1つつくる

⑤ 表地と裏地を縫い合わせる

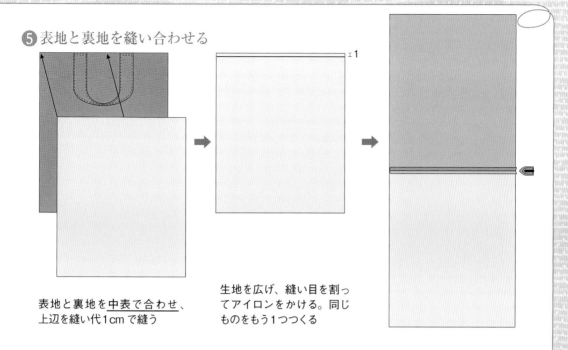

表地と裏地を中表で合わせ、上辺を縫い代1cmで縫う

生地を広げ、縫い目を割ってアイロンをかける。同じものをもう1つつくる

⑥ 切り替え部分を固定して印を付ける

⑦ ひも通し口と返し口を残して1周縫う

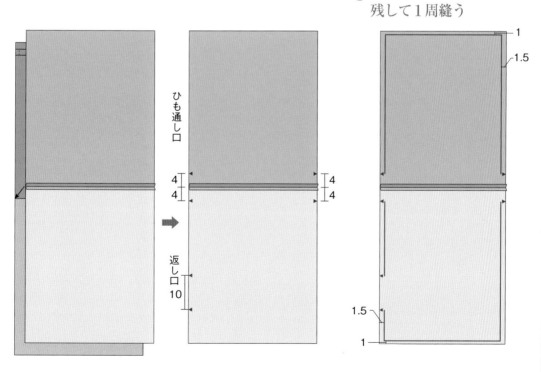

表地同士、裏地同士を中表で合わせ、切り替えがずれないように固定する。裏地側に10cmの返し口、両側の切り替えの縫い目を中心にして上下に各4cmのひも通し口の印を付ける

⑥で印を付けたひも通し口と返し口を固定し、上下を縫い代1cm、左右を縫い代1.5cmで返し口とひも通し口を残して縫う

❽縫い目を割ってアイロンをかける

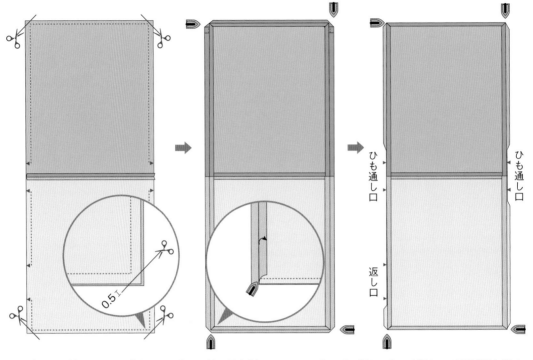

縫い目を避けて4つの角をカットする。縫い目を割ってアイロンをかけ、返し口とひも通し口は反対側も倒す

❾すべて表に返して角を出す

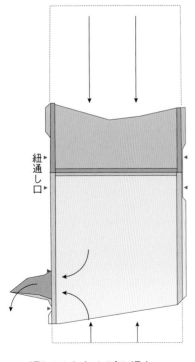

返し口からすべて表に返す

❿返し口を折って閉じる

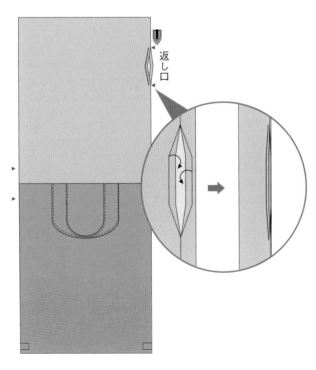

返し口を1cm内側に折ってアイロンをかけ、きわを縫って閉じる

⓫ 裏地を中に入れて形を整える

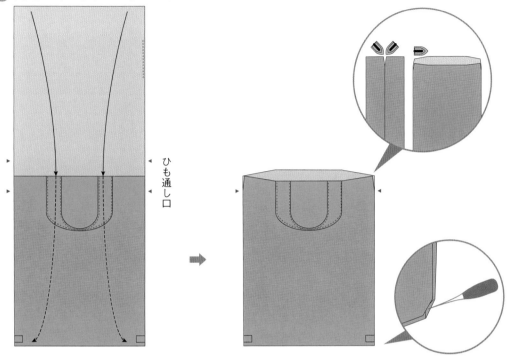

ひも通し口

裏地を表地の中に入れて形を整え、目打ちなどでしっかり角を出す。上端（袋の口）にアイロンをかける

⓬ 通し口を縫ってひもを通す

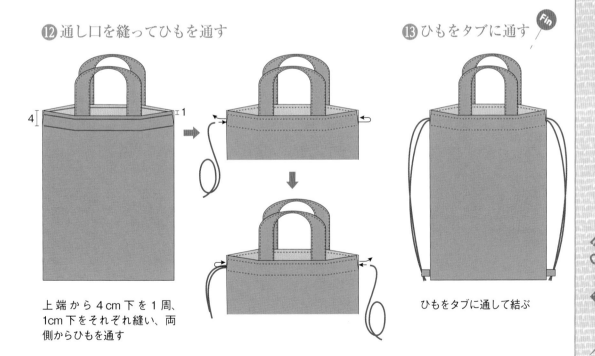

上端から4cm下を1周、1cm下をそれぞれ縫い、両側からひもを通す

⓭ ひもをタブに通す Fin

ひもをタブに通して結ぶ

○アップリケ＆キルティング：幼稚園・保育園

生地の切り替えをうまく利用して、いろいろなポーズの動物たちを貼り付けるとキュートで個性的。

リンゴの葉っぱは
レゼーデイジーステッチ、
クマとウサギの目と鼻は
フレンチノットステッチ！

レッスンバッグ

マチ付き巾着

リュック型巾着

○キルティング生地

ポケット付きバッグ

○大人用バッグ

縦長のＡ４サイズでつくれば、大人でも使えるバッグに。
子ども用と柄違いや色違いでつくるのもおすすめです。

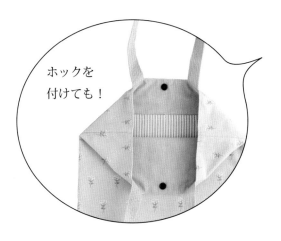

ホックを
付けても！

ポケット付きバッグ

〇ストライプ＆シンプル：小学校低～高学年

ストライプと無地を合わせることで、かなり落ち着いた雰囲気に。
高学年用はすべて無地を使用してもよいでしょう。

レッスンバッグ

マチ付き巾着

ポケット付きバッグ

リュック型巾着

Part 3

ランチが楽しくなる
お弁当グッズ

- - - - - - - - - - - - - - - - - - - -

お弁当袋からカトラリーケース、ランチョンマットまで。
お揃いの布でつくればランチタイムがさらに楽しみに。
エプロンや三角巾は、親子お揃いでも素敵です。

- - - - - - - - - - - - - - - - - - - -

お弁当袋

動画も
CHECK!

お手持ちのお弁当箱のサイズに合わせてつくることもできる、切り替え付きのお弁当袋です。生地の組み合わせを楽しめるので、ランチの時間が楽しみになります。

×××

【完成サイズ（M）】
横 27cm　縦 18cm　マチ 10cm

【材料】
表地：横 30 ×縦 16cm（2枚）
裏地：横 30 ×縦 34cm（2枚）
ひも：66cm（2本）

○サイズ変換表

		S	M	L
完成サイズ	横	25	27	30
	縦	17	18	18
	マチ	9	10	12
生地サイズ	横	28	30	33
	表地縦	15	16	17
	裏地縦	32	34	35

（単位：cm）

○好きなサイズでつくる場合の計算式

生地サイズ	横	完成サイズ横 + 3
	表地縦	完成サイズ縦の半分 + マチの半分 + 2
	裏地縦	完成サイズ縦 × 1.5 + マチの半分 + 2
ひもサイズ		完成サイズ横 × 2 + 12

（単位：cm）

【使用生地】
恐竜（手前）
表地：オックス生地 dinosaur／デコレクションズ
裏地：綿ポリダンガリー（ペールグレー）
　　　／生地のマルイシ
花柄（奥）
表地：防水オックス生地 アールグレイフラワー
　　　／デコレクションズ
裏地：YUWA Casual stripe オフ×ピンク

【生地の裁ち方】
〈表地〉

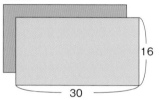

16

30

〈裏地〉

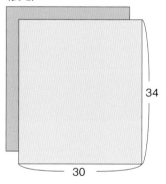

34

30

【縫い方手順】
①表地と裏地を縫い合わせる
②縫い目の端に押さえミシンをかける
③切り替え部分を縫い合わせる
④半分に折って印を付ける
⑤ひも通し口の印を付ける
⑥ひも通し口を残して1周縫う
⑦縫い目を割ってアイロンをかける
⑧マチをつくって縫う
⑨すべて表に返して形を整える
⑩通し口を縫ってひもを通す

❶ 表地と裏地を縫い合わせる

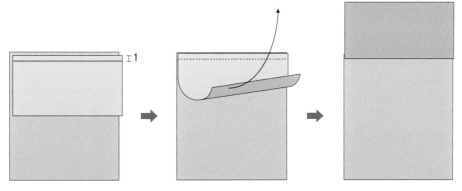

表地と裏地を<u>中表で合わせ</u>、縫い代1cmで縫う

表向きに広げる

❷ 縫い目の端に押さえミシンをかける

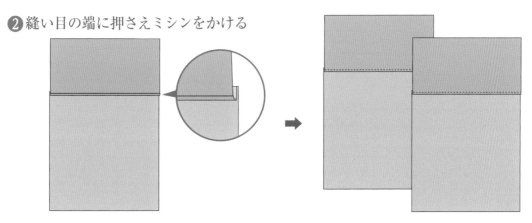

縫い代を表地側に倒し、表地の縫い目の
きわに押さえミシンをかける

同じものをもう1つつくる

❸ 切り替え部分を縫い合わせる

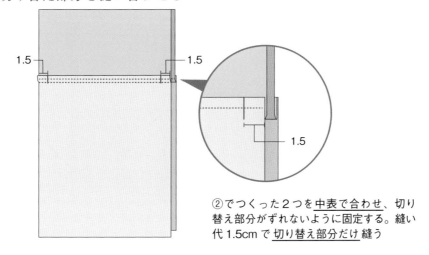

②でつくった2つを<u>中表で合わせ</u>、切り
替え部分がずれないように固定する。縫い
代1.5cmで<u>切り替え部分だけ</u>縫う

④半分に折って印を付ける

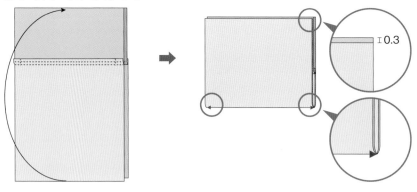

半分に折る

表地の裏が3mm程度見えるように折ると、裏地のヨレを防げる。折り目に印を付ける

⑤ひも通し口の印を付ける

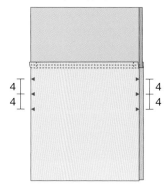

④で付けた印を中心にして、上下に4cmずつ測って印を付ける

⑥ひも通し口を残して1周縫う

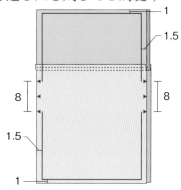

⑤で印を付けたひも通し口8cmずつを残し、上下を縫い代1cm、左右を縫い代1.5cmで1周縫う

⑦縫い目を割ってアイロンをかける

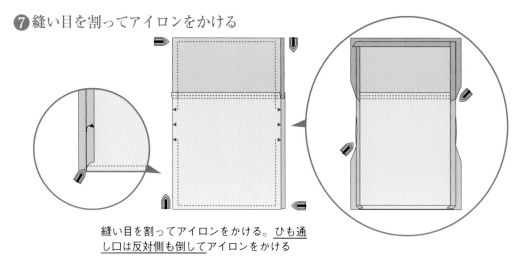

縫い目を割ってアイロンをかける。ひも通し口は反対側も倒してアイロンをかける

❽マチをつくって縫う

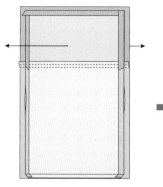

袋状になった生地を開いて
底の部分を三角に折る

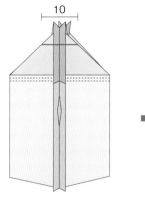

10

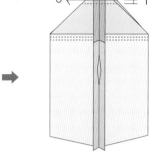

1

それぞれの三角に 10cm のマチを測って縫
い、縫い代を 1cm 残してカットする

❾すべて表に返して形を整える

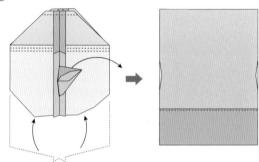

ひも通し口からすべて表に返す

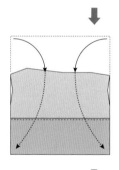

裏地を表地の中に
入れ、ひも通し口
を半分に折って固
定する

形を整えたら袋の口にアイロンをかける

❿通し口を縫ってひもを通す　Fin

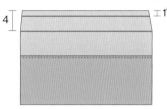

4　　エ1

上端から 4cm 下を 1 周、 1cm
下をそれぞれ縫う

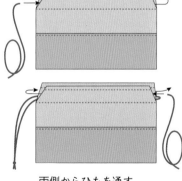

両側からひもを通す

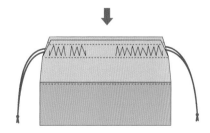

保温ランチ
トートバッグ

保冷・保温効果が嬉しい、ファスナー付きのランチトートバッグです。裏地は手芸用保温シートがおすすめですが、なければキルティングでもOK。

動画も
CHECK！
▼

××

【完成サイズ】
横 27cm　縦 18cm　マチ 12cm

【材料】
表地下：横 30 × 縦 23cm（2枚）
接着芯：横 30 × 縦 23cm（2枚）
表地上：横 30 × 縦 5cm（2枚）
接着芯：横 30 × 縦 5cm（2枚）
裏地（保温シート）：横 30 × 縦 26cm（2枚）
持ち手ひも：幅 2.5 × 長さ 28cm（2本）
ファスナー：30cm 以上
※接着芯はなくても OK

○好きなサイズでつくる場合の計算式

生地サイズ	表地下	横	完成サイズ横 + 3
		縦	完成サイズ縦 + マチの半分 - 1
	表地上	横	完成サイズ横 + 3
		縦	5
	裏地（保温シート）	横	完成サイズ横 + 3
		縦	完成サイズ縦 + マチの半分 + 2

（単位：cm）

【使用生地】
表地下：オックス生地 Cherish ／デコレクションズ
表地上：オックス生地【ワイド】レッド
　　　　／デコレクションズ

【生地の裁ち方】

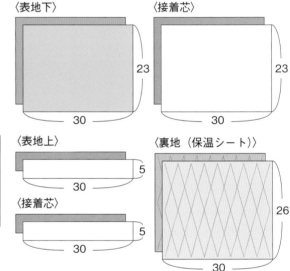

〈表地下〉　　　23　　　30

〈接着芯〉　　　23　　　30

〈表地上〉　　　5　　　30

〈接着芯〉　　　5　　　30

〈裏地（保温シート）〉　　　26　　　30

【縫い方手順】

①持ち手ひもを仮縫いする
②上下の表地を縫い合わせる
③縫い目の端に押さえミシンをかける
④片方のファスナーを縫い付ける
⑤表地と裏地を縫い合わせる
⑥押さえミシンをかける
⑦ファスナーに印を付ける
⑧もう片方のファスナーを固定する

⑨もう片方のファスナーを縫い付ける
⑩もう片方の裏地を縫い合わせる
⑪押さえミシンをかける
⑫返し口の印を付けて1周縫う
⑬12cm のマチをつくる
⑭すべて表に返して形を整える
⑮返し口を閉じる

❶ 持ち手ひもを仮縫いする

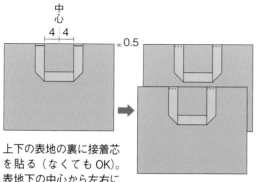

上下の表地の裏に接着芯を貼る（なくても OK）。表地下の中心から左右に 4 cm ずつ測って印を付け、持ち手ひもの内側を合わせて固定する

持ち手ひもの上端から 0.5cm 下を縫う。同じものを2つくる

❷ 上下の表地を縫い合わせる

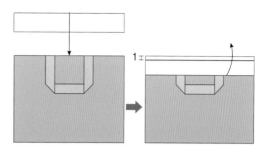

①と上布を中表で合わせ、縫い代1cm で縫う。表向きに広げる

❸ 縫い目の端に押さえミシンをかける

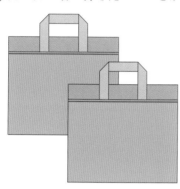

縫い代を下布側に倒し、下布の縫い目のきわに押さえミシンをかける。同じものを2つくる

❹ 片方のファスナーを縫い付ける

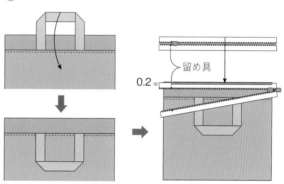

開いたファスナーと③のどちらかを中表で固定する。留め具から端まで、上辺から 0.2cm 内側を縫う

❺ 表地と裏地を縫い合わせる

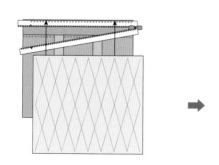

表地と裏地を中表で合わせ、表地が上になるようにひっくり返す

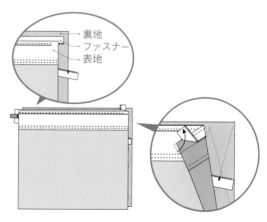

④の縫い目の下を縫う。縫い終わりのファスナーは、端を折り上げてから縫う

❻ 押さえミシンをかける

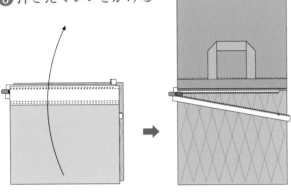

表向きに広げ、ファスナー側の縫い目のきわに押さえミシンをかける

❼ ファスナーに印を付ける

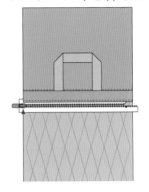

生地の端に合わせてファスナーに印を付ける

❽ もう片方のファスナーを固定する

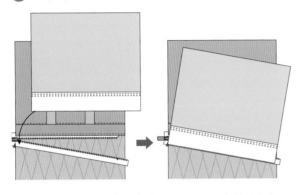

❸でつくったもう片方の表地とファスナーを付けた表地を、❼の印に合わせて中表で合わせる。縫い付けていないファスナーを固定する

❾ もう片方のファスナーを縫い付ける

表地が上になるようにひっくり返し、❼で付けた印から 留め具の手前まで、下辺から2mm内側を縫う

❿ もう片方の裏地を縫い合わせる

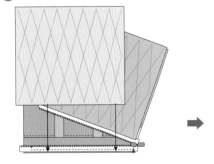

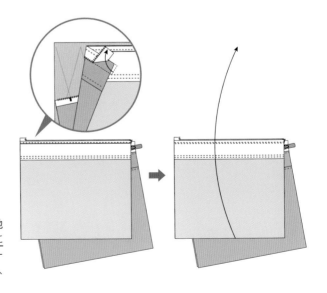

裏地が付いていない表地ともう片方の裏地を中表で合わせ、表地が上になるようにひっくり返す。❾で縫わなかったファスナーの端を折り上げ、❾の縫い目の下を縫って、生地を表向きに広げる

⓫ 押さえミシンをかける

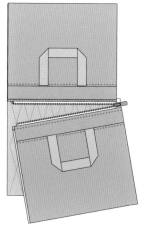

⑥と同じように、ファスナー側の縫い目のきわに押さえミシンをかける

⓬ 返し口の印を付けて1周縫う

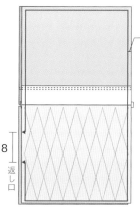

ファスナーを半分閉じ、表地同士、裏地同士を中表で合わせる。裏地の片側の中心あたりに8cmの印を付け、返し口を残して縫い代1cmで1周縫う

⓭ 12cmのマチをつくる

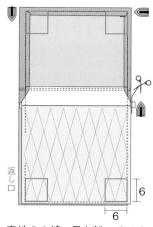 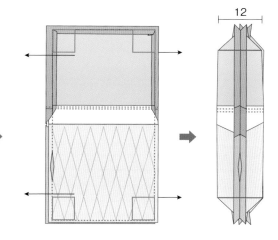

表地のみ縫い目を割ってアイロンをかけ、ファスナーの余分をカットする。縫い代の内側4か所に、6cmの正方形を描く

袋状になった生地を開いて底部分を三角に折り、すべての三角にできた12cmのマチを縫う

⓮ すべて表に返して形を整える

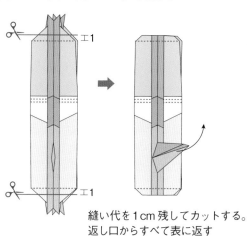

縫い代を1cm残してカットする。返し口からすべて表に返す

⓯ 返し口を閉じる

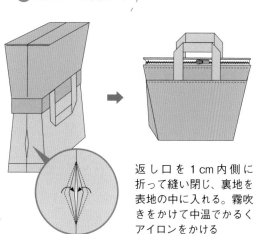

返し口を1cm内側に折って縫い閉じ、裏地を表地の中に入れる。霧吹きをかけて中温でかるくアイロンをかける

コップ袋

動画も
CHECK!

サイズを変えれば給食袋や体操着袋にもなる、コップ袋。つくり方はお弁当袋（p.60）とほぼ同じなので、ぜひお揃いや色ちがいの生地でつくってください。

×××

【完成サイズ（コップ袋）】
横 16cm　縦 20cm

【材料】
表地：横 19 ×縦 12cm（2 枚）
裏地：横 19 ×縦 32cm（2 枚）
ひも：46cm（2 本）

○サイズ変換表

		コップ袋	給食袋	体操着袋
完成サイズ	横	16	20	35
	縦	20	24	40
生地サイズ	横	19	23	38
	表地	12	14	22
	裏地	32	38	62

（単位：cm）

○好きなサイズでつくる場合の計算式

生地サイズ	横	完成サイズ横 + 3
	表地	完成サイズ縦 ÷2 + 2
	裏地	完成サイズ縦 ×1.5 + 2

（単位：cm）

【使用生地】
シロクマ（手前）
表地：コットン生地 シロクマ - charcoal
　　　／デコレクションズ
裏地：コットン生地 WALK THROUGH
　　　THE FOREST- honey ／デコレクションズ
バンビ（奥）
表地：防水オックス生地 Fawn
　　　／デコレクションズ
裏地：綿ポリダンガリーストライプ
　　　（5mm ストライプ ミントグリーン）
　　　／生地のマルイシ

【生地の裁ち方】
〈表地〉

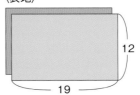

12

19

〈裏地〉

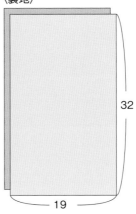

32

19

【縫い方手順】
①表地と裏地を縫い合わせる
②縫い目の端に押さえミシンをかける
③切り替え部分を縫い合わせる
④半分に折って印を付ける
⑤ひも通し口の印を付ける
⑥ひも通し口を残して 1 周縫う
⑦縫い目を割ってアイロンをかける
⑧すべて表に返して形を整える
⑨通し口を縫ってひもを通す

❶ 表地と裏地を縫い合わせる

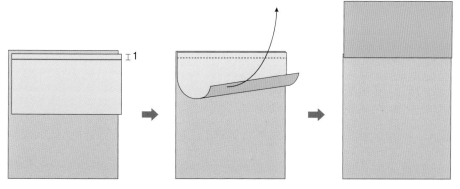

表地と裏地を <u>中表で合わせ</u>、縫い代 1cm で縫う

生地を表向きに広げる

❷ 縫い目の端に押さえミシンをかける

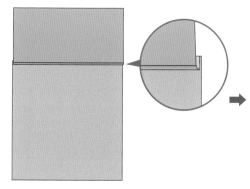

縫い代を表地側に倒し、表地の縫い目のきわ
に押さえミシンをかける

同じものをもう 1 つつくる

❸ 切り替え部分を縫い合わせる

1.5   1.5

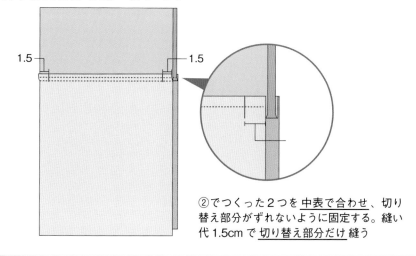

②でつくった 2 つを <u>中表で合わせ</u>、切り
替え部分がずれないように固定する。縫い
代 1.5cm で <u>切り替え部分だけ</u> 縫う

❹ 半分に折って印を付ける

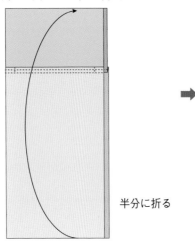

半分に折る

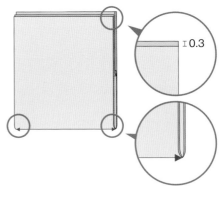

ɪ0.3

表地の裏が3mm程度見えるように折ると、裏地のヨレを防げる。折り目に印を付ける

❺ ひも通し口の印を付ける

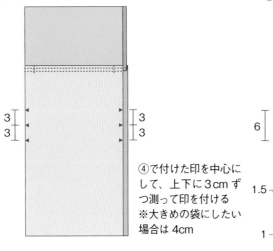

3
3

3
3

④で付けた印を中心にして、上下に3cm ずつ測って印を付ける
※大きめの袋にしたい場合は4cm

❻ ひも通し口を残して1周縫う

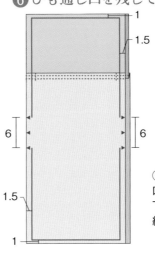

1

1.5

6

6

1.5

1

⑤で印を付けたひも通し口6cm ずつを残し、上下を縫い代1cm、左右を縫い代1.5cm で縫う

❼ 縫い目を割ってアイロンをかける

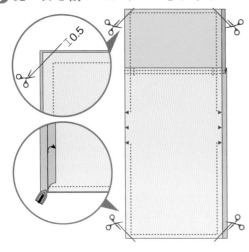

ɪ0.5

4つの角を縫い目を避けてカットし、縫い目を割って1周アイロンをかける

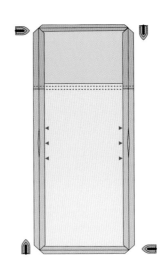

❽ すべて表に返して形を整える

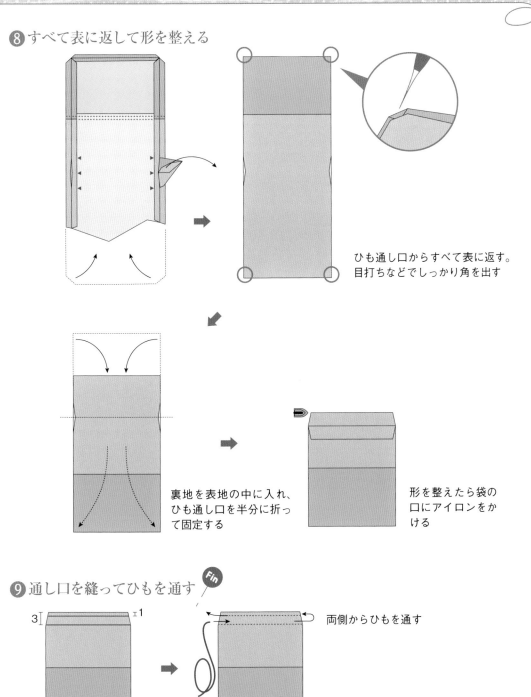

ひも通し口からすべて表に返す。
目打ちなどでしっかり角を出す

裏地を表地の中に入れ、
ひも通し口を半分に折っ
て固定する

形を整えたら袋の
口にアイロンをか
ける

❾ 通し口を縫ってひもを通す **Fin**

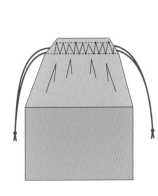

3
1

両側からひもを通す

上端から3cm下と、1cm
下をそれぞれ1周縫う

サイズに合わせて つくる水筒カバー

動画も CHECK!
▼

100円ショップで手に入るウレタンを使った水筒カバー。お手持ちの水筒のサイズに合わせてつくれるので、どのタイプにも対応できます。もちろん長さも調整可能です。

×××

【完成サイズ】
横 14cm　縦 25cm

【材料】
表地：横 29.5 ×縦 27cm
　　　：横 5 ×縦 6 cm（タブ用 2 枚）
裏地：横 29.5 ×縦 27cm
持ち手ひも：120cm
Dカン（2 個）
移動カン

○好きなサイズでつくる場合の計算式

生地サイズ	表・裏地 横	最大の筒周り + 3.5
	表・裏地 縦	高さ + 半径 + 3

（単位：cm）

【使用生地】
表地：防水オックス生地 Penguin - yellow
　　　／デコレクションズ
裏地：ウレタン（キルティングでも OK）

【生地の裁ち方】

〈表地〉

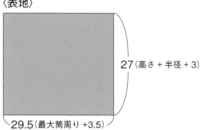

27（高さ + 半径 + 3）

29.5（最大筒周り +3.5）

〈裏地〉

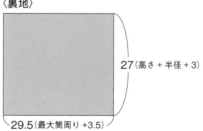

27（高さ + 半径 + 3）

29.5（最大筒周り +3.5）

〈タブ〉

6

5

【縫い方手順】

①タブを三つ折りにする
②表地を折って印を付ける
③タブを縫い付ける
④表地と裏地を縫い合わせる
⑤返し口の印を付ける
⑥返し口を残して縫う

⑦直径 − 1 cm のマチをつくる
⑧すべて表に返して形を整える
⑨返し口を閉じて形を整える
⑩持ち手ひもを縫う
⑪持ち手ひもを通す

❶ タブを三つ折りにする

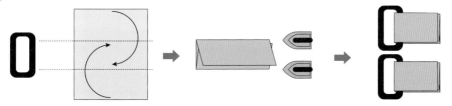

D カンに通る幅になるように、タブ
用の生地を三つ折りにする

アイロンをかけて D カンに通して半分に折る。
同じものをもう1つつくる

❷ 表地を折って印を付ける

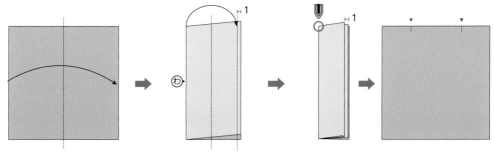

表地を 中表になるように 半
分に折る

㋾側から、端を1cm 残して折る

折り目の角にアイロンを
かけて印を付ける

❸ タブを縫い付ける

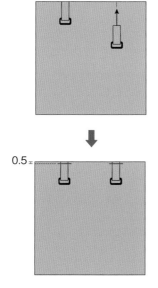

タブ用の布を D カンに通し、②で
付けた印が中心になるように固定
する。上端から 0.5cm 下を縫う

❹ 表地と裏地を縫い合わせる

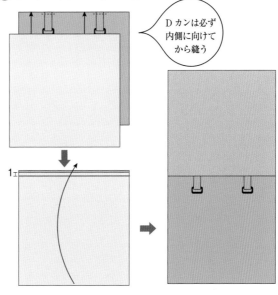

D カンは必ず
内側に向けて
から縫う

③と裏地を 中表で合わせ、上端から1cm 下を縫う。
表向きに広げる

❺ 返し口の印を付ける

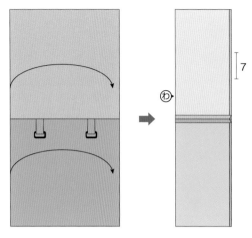

中表になるように 縦半分に折る。裏地の片側の
中心あたりに7cmの印を付ける

❻ 返し口を残して縫う

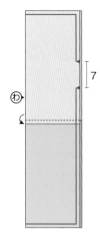

切り替えの縫い代を表地側に倒す。❺で印を付けた
返し口7cmを残し、縫い代1cmで⑰以外を縫う

❼ 直径 -1cm のマチをつくる

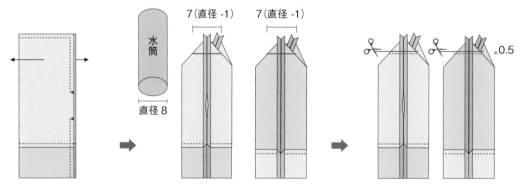

袋状になった生地を開いて底部分を三角に折り、すべての三角
に7cm（直径 -1）のマチを測って縫う

縫い代を0.5cm残して
カットする。

❽ すべて表に返して形を整える

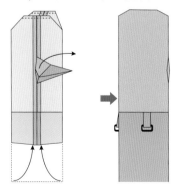

返し口からすべて表に返す

❾ 返し口を閉じて形を整える

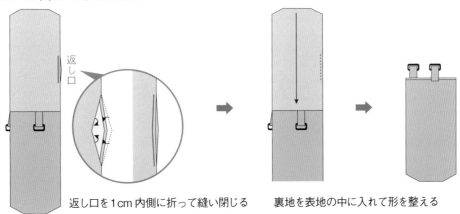

返し口を1cm内側に折って縫い閉じる

裏地を表地の中に入れて形を整える

❿ 持ち手ひもを縫う

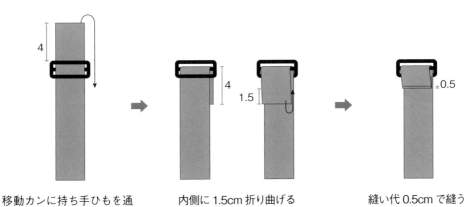

移動カンに持ち手ひもを通して4cm出す

内側に1.5cm折り曲げる

縫い代0.5cmで縫う

⓫ 持ち手ひもを通す Fin

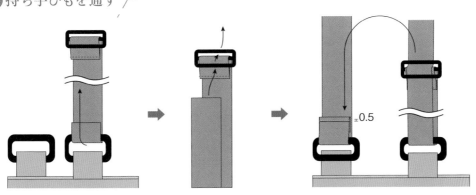

移動カンが付いていない持ち手ひもの先を、カバーのDカンに通す

移動カンに通す

反対側のDカンに通し、持ち手ひもの先端を内側に1.5cm折り曲げる。縫い代0.5cmで縫う

ランチョンマット

動画も
CHECK !

リバーシブルで楽しめるおしゃれなランチョン
マットです。まっすぐに縫うだけでつくり方も
かんたんなので、手縫いでもOK。ぜひお気に
入りの生地でつくってください。

×××

【完成サイズ】
横 40cm　縦 30cm

【材料】
表地：横 42 ×縦 32cm
裏地：横 42 ×縦 32cm

○好きなサイズでつくる場合の計算式

生地サイズ	横	完成サイズ＋2
	縦	完成サイズ＋2

（単位：cm）

【使用生地】
表地：防水オックス生地 アールグレイフラワー
　　　／デコレクションズ
裏地：YUWA Casual stripe オフ×ピンク

【生地の裁ち方】
〈表地〉

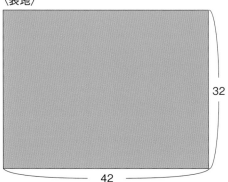

32

42

〈裏地〉

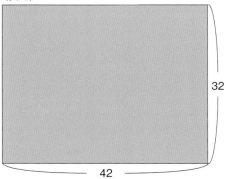

32

42

【縫い方手順】

①表地と裏地を縫い合わせる
②四隅をカットする
③表に返して形を整える
④縫い目を広げてアイロンをかける
⑤返し口を折ってアイロンをかける
⑥押さえミシンをかける

❶ 表地と裏地を縫い合わせる

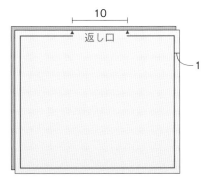

表地と裏地を<u>中表で合わせ</u>、上辺の中心あたりに10cmの印を付ける。返し口を残して縫い代1cmで縫う

❷ 四隅をカットする

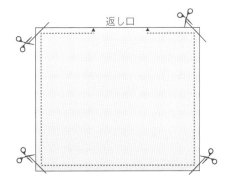

縫い目を避けて4つの角をカットする

❸ 表に返して形を整える

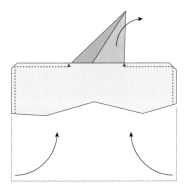

返し口から表に返す

❹ 縫い目を広げてアイロンをかける

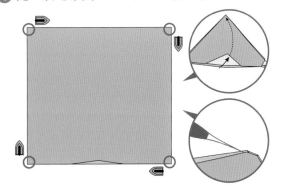

目打ちなどでしっかりと角を出す。返し口側以外の三辺の縫い目を広げながらアイロンをかける

❺ 返し口を折ってアイロンをかける

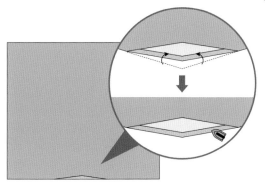

返し口を1cm内側に折りアイロンをかける

❻ 押さえミシンをかける

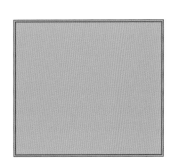

きわに押さえミシンを1周かける

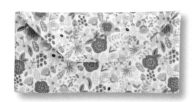

カトラリーケース

動画も
CHECK！

フォークやスプーンを入れるケース。お弁当袋やランチョンマットとお揃いの生地で、セットで使うと素敵です。ペンケースやお札入れとしても活用できます。

×××

【完成サイズ】
横 20cm　縦 9.5cm

【材料】
表地：横 22 ×縦 27cm
裏地：横 22 ×縦 27cm
マジックテープ：5 cm

【使用生地】
表地：防水オックス生地 アールグレイフラワー
　　　／デコレクションズ
裏地：YUWA Casual stripe オフ×ピンク

【生地の裁ち方】

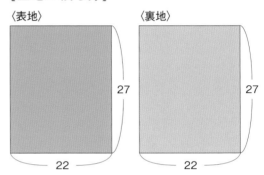

〈表地〉　27　22

〈裏地〉　27　22

【縫い方手順】

①表地と裏地を縫い合わせる
②縫い目を割ってアイロンをかける
③縫い目のきわに押さえミシンをかける
④印を付けてマジックテープを
　縫い付ける
⑤裏地にマジックテープを縫い付ける

⑥左右の角をカットする
⑦上端を 1 cm 折ってアイロンをかける
⑧フタの角から 9 cm で折り返す
⑨上端以外を縫う
⑩すべて表に返して角を出す
⑪フタに押さえミシンをかける

❶ 表地と裏地を縫い合わせる

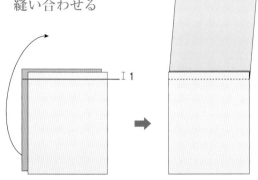

表地と裏地を<u>中表で合わせ</u>、縫い代1cmで縫う。裏向きに広げる

❷ 縫い目を割ってアイロンをかける

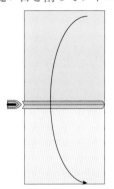

縫い目を割ってアイロンをかけ、<u>外表になるように</u>半分に折る

❸ 縫い目のきわに押さえミシンをかける

アイロンをかけてから、縫い目のきわに押さえミシンをかける

❹ 印を付けてマジックテープを縫い付ける

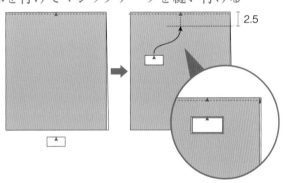

表地の中心に印を付けて、上側から2.5cm下に<u>硬い方の</u>マジックテープを固定する。<u>裏地と一緒に</u>テープのきわを1周縫う

❺ 裏地にマジックテープを縫い付ける

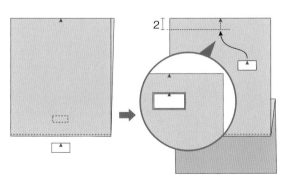

裏地の中心に印を付けて、上側から2cm下に<u>柔らかい方のマジックテープを裏地だけに固定する</u>。テープのきわを1周縫う

❻ 左右の角をカットする

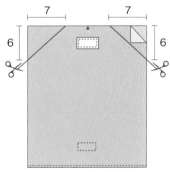

生地を外表に戻し、両端の横を7cm、縦を6cm測ってカットする

❼ 上端を1cm 折ってアイロンをかける

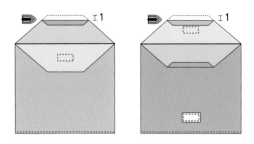

表地と裏地の上端をめくり、それぞれの端を1
cm 折ってアイロンをかける

❽ フタの角から9cm で折り返す

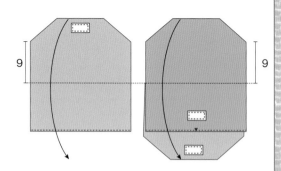

フタの角から9cm 測る。表地と裏地それぞれに
印を付け、印を起点に両面折り返す

❾ 上端以外を縫う

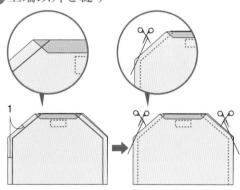

上端を残して縫い代1cm で縫う。縫い目を避け
て両端の角をカットする

❿ すべて表に返して角を出す

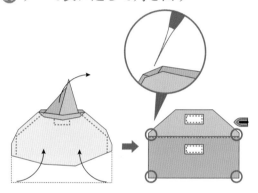

上端からすべて表に返す。目打ちなどでしっかり
と角を出す

⓫ フタに押さえミシンをかける Fin

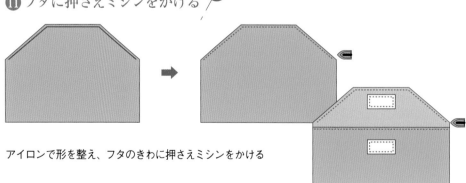

アイロンで形を整え、フタのきわに押さえミシンをかける

エプロン

動画も
CHECK！

ゴムとマジックテープを使用しているので、着脱がかんたんなポケット付きのエプロンです。三つ折り仕上げで洗濯に強く型くずれしづらいのもポイント。

【完成サイズ（140）】
横80cm　縦60cm（ひもを除く）

【材料】
エプロン：横42 ×縦84cm
タブ：横15 ×縦6 cm（2枚）
見返し：横20 ×縦5 cm
肩ひも：横60 ×縦7 cm
ポケット：横18 ×縦15cm
ゴム：幅2 ×長さ42cm
マジックテープ：幅2.5 ×長さ4 cm

○サイズ変換表

			120	140	160
完成サイズ	横		72	80	86
	縦		52	60	65
生地サイズ	エプロン	横	76	84	90
		縦	55	63	68
	タブ	横	15	15	18
		縦	6	6	6
	見返し	横	20	20	24
		縦	5	5	5
	肩ひも	横	55	60	65
		縦	7	7	7
	ポケット	横	18	18	20
		縦	15	15	18
	ゴム	横	2	2	2
		縦	38	42	48

（単位：cm）

【使用生地】
ラズベリー（手前）
エプロン：綿ポリダンガリーストライプ（5mm ストライプ ラズベリー）／生地のマルイシ
その他：綿ポリダンガリー ラズベリー（無地）／生地のマルイシ
ネイビー（奥）
エプロン・その他：綿ポリダンガリー（ティールブルー）／生地のマルイシ

【生地の裁ち方】
〈エプロン〉

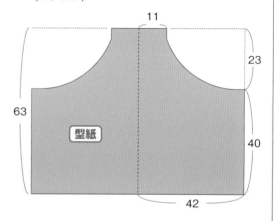

〈マジックテープ用タブ〉

〈見返し用布〉

〈ポケット〉

〈肩ひも〉

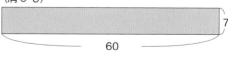

【縫い方手順】

①見返しを折り返す
②タブの上下を折り返す
③タブを縦半分に折る
④肩ひもを縫う
⑤肩ひもを表に返してアイロンをかける
⑥肩ひもにゴムを通す
⑦エプロンの裾を折り返す
⑧カーブに切り込みを入れる
⑨カーブと両サイドも折り返して
　アイロンをかける
⑩裾の両端をカットする
⑪肩ひもを仮縫いする

⑫見返しを縫い合わせる
⑬見返しと三つ折りに
　アイロンをかける
⑭見返しとカーブに
　押さえミシンをかける
⑮タブをエプロンに固定する
⑯三つ折りのきわに
　押さえミシンをかける
⑰タブのきわに押さえミシンをかける
⑱マジックテープを縫い付ける
⑲ポケットをつくる
⑳ポケットを付ける *Fin*

❶ 見返しを折り返す

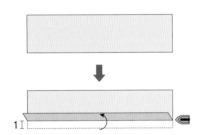

見返し用の布を裏向きにし、横一辺を1cm折り
返してアイロンをかける

❷ タブの上下を折り返す

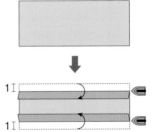

タブ用の布を裏向きにし、横二辺を1cm折り返
してアイロンをかける

❸ タブを縦半分に折る

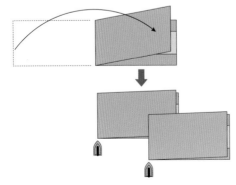

タブを縦半分に折ってアイロンをかける。同
じものをもう1つつくる

❹ 肩ひもを縫う

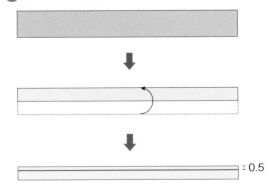

肩ひもを <u>中表で横半分に折り</u>、縫い代0.5cmで縫う

❺ 肩ひもを表に返してアイロンをかける

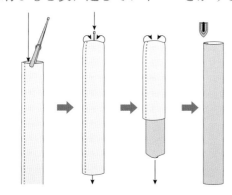

ひも通しなどを使って表に返したら、アイロンをかけて整える

❻ 肩ひもにゴムを通す

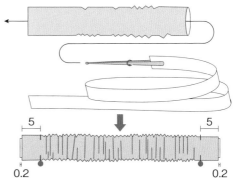

端から0.2cmゴムを出し、5cmのところでマチ針で留める。反対側の端も同じように留める

❼ エプロンの裾を折り返す

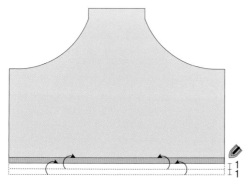

エプロンを裏向きにし、裾を1cm＋1cmの三つ折りにしてアイロンをかける

❽ カーブに切り込みを入れる

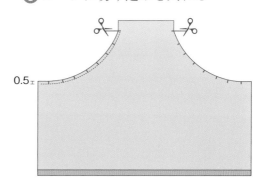

エプロンのカーブに、縫い目を避けて0.5cmの切り込みを数か所入れる

❾ カーブと両サイドも折り返してアイロンをかける

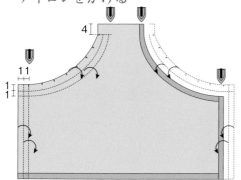

カーブが始まる上端の4cm下からサイドの端までと両サイドを、1cm＋1cmの三つ折りにしてアイロンをかける

❿ 裾の両端をカットする

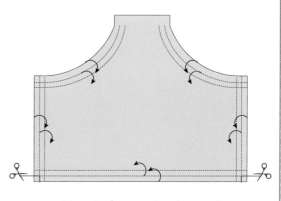

三つ折りを広げてできた裾の小さな四角をカットする

⑪肩ひもを仮縫いする

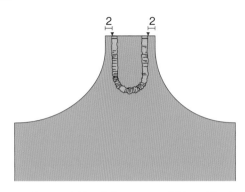

エプロンの上端の左右から2cm内側に、肩ひもの外側を合わせて固定してきわを縫う

⑫見返しを縫い合わせる

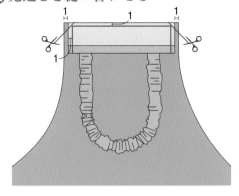

エプロンの両端を1cmあけて見返しを中表で合わせ、縫い代1cmで3辺を縫い合わせる。縫い目を避けて左右の角をカットする

⑬見返しと三つ折りにアイロンをかける

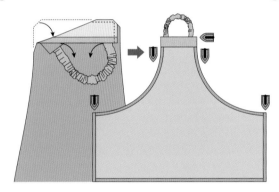

見返しを表に返して形を整える。見返しと三つ折りに再度アイロンをかける

⑭見返しとカーブに押さえミシンをかける

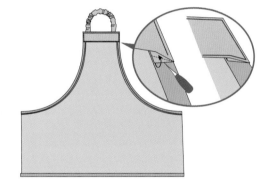

見返しの端を目打ちで折り込み、きわに押さえミシンを1周かける。エプロンのカーブにもミシンをかける

⑮タブをエプロンに固定する

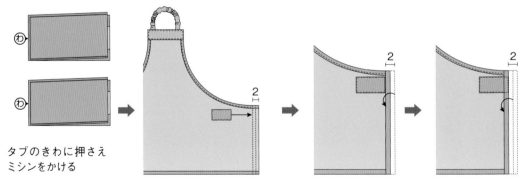

タブのきわに押さえミシンをかける

エプロンの端から2cm内側にタブを置く

端を三つ折りに戻してタブを挟んで固定する。反対側も同じように固定する

⑯ 三つ折りのきわに押さえミシンをかける

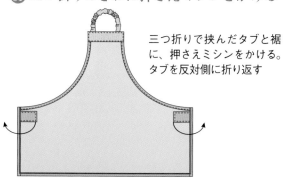

三つ折りで挟んだタブと裾に、押さえミシンをかける。タブを反対側に折り返す

⑰ タブのきわに押さえミシンをかける

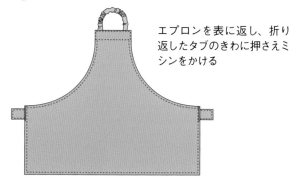

エプロンを表に返し、折り返したタブのきわに押さえミシンをかける

⑱ マジックテープを縫い付ける

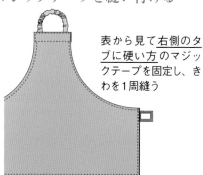

表から見て<u>右側のタ</u>ブに<u>硬い方</u>のマジックテープを固定し、きわを1周縫う

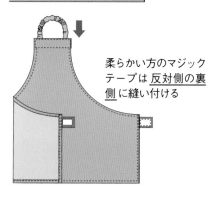

柔らかい方のマジックテープは <u>反対側の裏側</u> に縫い付ける

⑲ ポケットをつくる

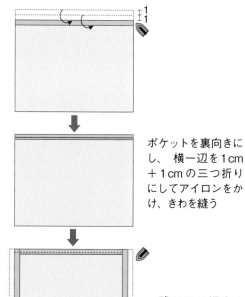

ポケットを裏向きにし、横一辺を1cm＋1cmの三つ折りにしてアイロンをかけ、きわを縫う

残りの三辺を1cm折ってアイロンをかける

⑳ ポケットを付ける **Fin**

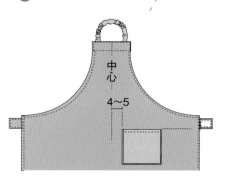

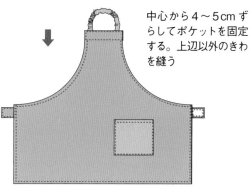

中心から4〜5cmずらしてポケットを固定する。上辺以外のきわを縫う

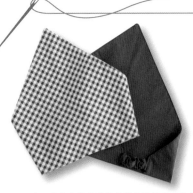

三角巾

頭をすっぽりと覆うデザインなので衛生的。ゴム付きなので小さな子どもでも簡単に扱えます。Ｓサイズは幼稚園〜低学年、Ｍサイズは高学年が目安です。

×××

【完成サイズ（S）】
横 50cm　縦 30cm

【材料】
三角巾：横 50 ×横 50cm
ゴム通し：横 20 ×縦 7cm
ゴム：幅 1.2 ×長さ 8 cm
※ゴムは通してからカット

○サイズ変換表

		S	M
完成サイズ	横	50	52
	縦	30	31
生地サイズ	横	50	50
	縦	50	50

（単位：cm）

【使用生地】
ラズベリー（手前）
綿ポリダンガリーギンガム（5mm チェック ラズベリー）／生地のマルイシ
ネイビー（奥）
綿ポリダンガリー（ティールブルー）／生地のマルイシ

【生地の裁ち方】
〈三角巾〉

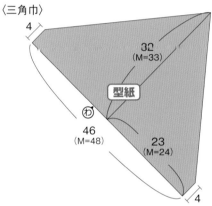

※生地は斜め半分に折り、わを型紙に合わせてカット

〈ゴム通し〉

【縫い方手順】
①ゴム通しをつくる
②ゴムを通す
③返し口をつくる
④返し口から表に返す
⑤ゴム通しを縫い付ける

❶ ゴム通しをつくる

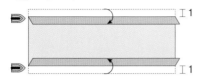

ゴム通し用の布を裏向きにし、横の
上下を1cm折りアイロンをかける

⬇

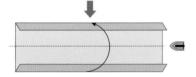

さらに半分に折ってアイロンをかけ、
㊥の反対側のきわを縫う

⬇

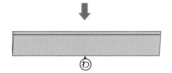

❷ ゴムを通す

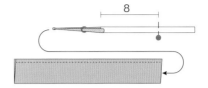

ゴムの端から8cm測ってマチ針を刺す。
①でつくったゴム通しに端を入れる

⬇

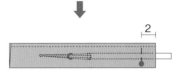

8cm（マチ針まで）ゴムを入れたら、マ
チ針を2cm内側に移動して刺し直す

⬇

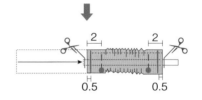

ゴムの端とゴム通しの端を合わせて、2cm
内側にマチ針を刺す。両端を縫い代0.5cm
で縫い、余分のゴムをカットする

⬇

マチ針を抜く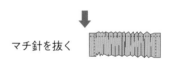

❸ 返し口をつくる

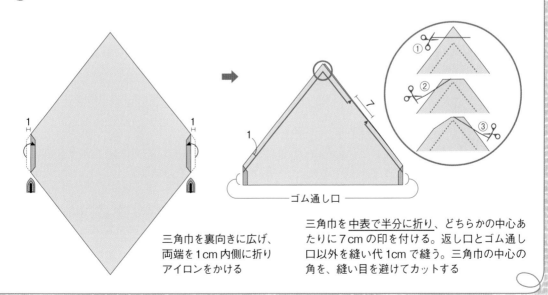

三角巾を裏向きに広げ、
両端を1cm内側に折り
アイロンをかける

三角巾を中表で半分に折り、どちらかの中心あ
たりに7cmの印を付ける。返し口とゴム通し
口以外を縫い代1cmで縫う。三角巾の中心の
角を、縫い目を避けてカットする

④返し口から表に返す

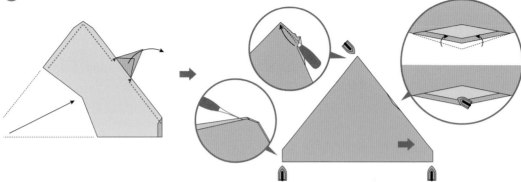

返し口から表に返し、目打ちなど
でしっかりと角を出す

アイロンをかけて整える。返し口は1cm
内側に折ってアイロンをかける

⑤ゴム通しを縫い付ける Fin

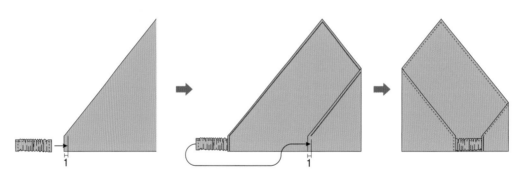

左側の通し口に、ゴム通しの
右側を1cm入れて固定する

左下の角から右側の通し口の手前ま
で、押さえミシンをかける。右側の
通し口に、ゴム通しの端を1cm入れ
て固定する

続きの押さえミシンをかける

Part 4

便利でかわいい
お出かけアイテム

ポシェットや移動ポケットに入れるティッシュケースや
お名前キーホルダーもせっかくだから手づくりを。
お出かけが何倍も楽しみになること間違いありません。

ポシェット

型紙参照

動画もCHECK！

お出かけに持って行きたい、キルティング生地がかわいいポシェットです。ひもの長さを調整できるのでショルダーバッグにも。表地をキルティングにすれば接着芯は不要です。

×××

【完成サイズ】
横 21cm　縦 18cm　マチ 4 cm

【材料】
表地：横 26 ×縦 42cm
接着芯：横 26 ×縦 42cm
表地(フタ)：横 22 ×縦 15cm
接着芯(フタ)：横 22 ×縦 15cm
裏地：横 26 ×縦 41cm
裏地(フタ)：横 22 ×縦 15cm
持ち手ひも：8 cm、120cm
Dカン
アジャスター
マジックテープ：5 cm

【使用生地】
グレー（左）
表地：キルティング生地 チェリーボンボン
　　　／デコレクションズ
裏地：綿ポリダンガリーストライプ
　　　（3mm ストライプ グレー）
　　　／生地のマルイシ
水色（右）
表地：キルティング生地 ミントラビット
　　　／デコレクションズ
裏地：綿ポリダンガリーストライプ
　　　（3mm ストライプ ミントグリーン）
　　　／生地のマルイシ

【使用生地】

〈表地・接着芯〉　〈裏地〉

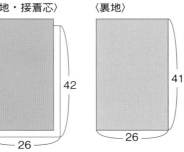

42　41
26　26

〈表地・接着芯〉　〈裏地〉

型紙　15
22

型紙　15
22

【縫い方手順】
①フタの裏地にマジックテープを縫い付ける
②ポシェットの表地にマジックテープを縫い付ける
③フタを縫い合わせる
④フタに押さえミシンをかける
⑤フタを仮縫いして袋状にする
⑥裏地を縫ってアイロンをかける
⑦マチをつくって縫う
⑧返し口の印を付ける
⑨Dカンに持ち手ひもを通して縫う
⑩アジャスターに持ち手ひもを通して縫う
⑪持ち手ひもをDカンに通す
⑫持ち手ひもを縫い付ける
⑬裏地を表地に入れて縫う
⑭表地と裏地を縫い合わせ、返し口をつくる
⑮ポシェットの口に押さえミシンをかける

❶ フタの裏地に マジックテープを縫い付ける

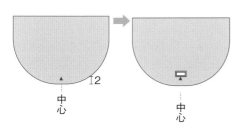

裏地の表側の中心から2cm測り、印を付ける

柔らかい方のマジックテープの中心と印を合わせて、テープのきわを1周縫う

❷ ポシェットの表地に マジックテープを縫い付ける

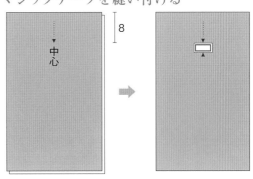

ポシェットの表地に接着芯を貼る（キルティングの場合は不要）。表側の中心から8cm測り、印を付ける。硬い方のマジックテープの中心と印を合わせて、テープのきわを1周縫う

❸ フタを縫い合わせる

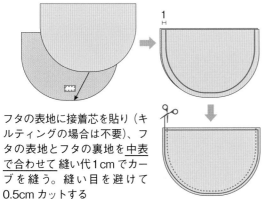

フタの表地に接着芯を貼り（キルティングの場合は不要）、フタの表地とフタの裏地を中表で合わせて縫い代1cmでカーブを縫う。縫い目を避けて0.5cmカットする

❹ フタに押さえミシンをかける

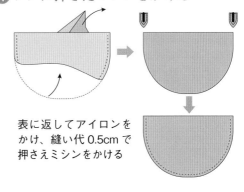

表に返してアイロンをかけ、縫い代0.5cmで押さえミシンをかける

❺ フタを仮縫いして袋状にする

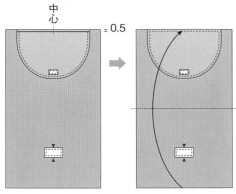

ポシェットのマジックテープ側を下にして、フタを中表で固定する。それぞれの中心を合わせて縫い代0.5cmで縫い、半分に折る

❻ 裏地を縫ってアイロンをかける

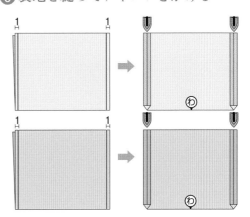

裏地も中表になるように半分に折る。それぞれ両側を縫い代1cmで縫い、縫い目を割ってアイロンをかける。表地も同じようにアイロンをかける

❼ マチをつくって縫う

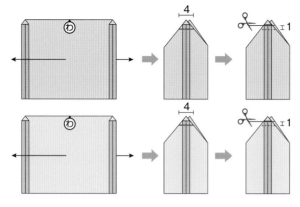

袋状になった生地を開いて底の部分を三角に折る。それぞれの三角に4cmのマチを測って縫い、縫い代を1cm残してカットする

❽ 返し口の印を付ける

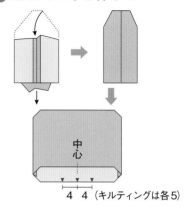

裏地を表に返し、裏側の中心に印を付ける。左右に4cmずつ測って印を付ける

❾ Dカンに持ち手ひもを通して縫う

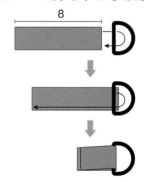

8cmに切った持ち手ひもをDカンに通す。半分に折ってきわを縫う

❿ アジャスターに持ち手ひもを通して縫う

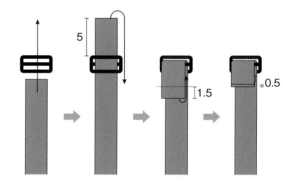

120cmのひもをアジャスターの表を上にして通し、5cm出す。5cm出した紐を裏側に折り返し、内側に1.5cm折る。縫い代0.5cmで縫う

⓫ 持ち手ひもをDカンに通す

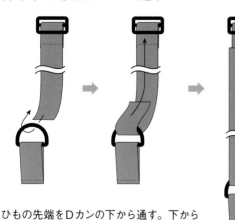
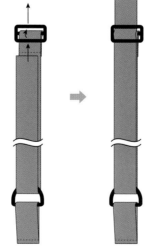

ひもの先端をDカンの下から通す。下から通したひもを引き、アジャスターに通す

⑫持ち手ひもを縫い付ける

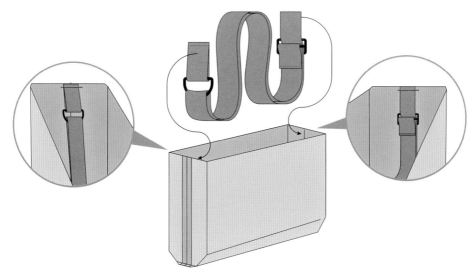

持ち手ひもがねじれていないか確認する。持ち手ひもが中表（アジャスターが内側）になるように、ポシェットの内側（表地側）の左右に縫い付ける

⑬裏地を表地に入れて縫う

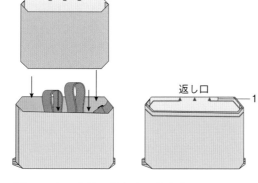

ポシェットの表地に持ち手ひもを入れ、フタと反対側に返し口が来るように⑧の裏地を入れる。返し口を残して、縫い代1cmで縫う

⑭表地と裏地を縫い合わせ、返し口をつくる

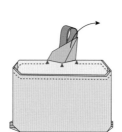

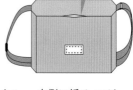

すべて表に返し、返し口を1cm内側に折る。マジックテープを避けてアイロンをかける

⑮ポシェットの口に押さえミシンをかける　Fin

返し口から1周、縫い代0.5cmで押さえミシンをかける

ティッシュケース

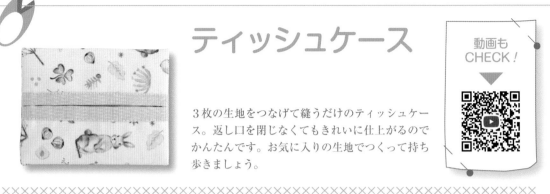

3枚の生地をつなげて縫うだけのティッシュケース。返し口を閉じなくてもきれいに仕上がるのでかんたんです。お気に入りの生地でつくって持ち歩きましょう。

動画も CHECK！

×××

【完成サイズ】
横 8.5cm　縦 12.5cm

【材料】
表地：横 19 ×縦 15cm
裏地：横 17 ×縦 15cm、横 8 ×縦 15cm

【使用生地】
表地：防水オックス生地 Milky rabbit
　　　／デコレクションズ
裏地：綿ポリダンガリー（ピンクベージュ）
　　　／生地のマルイシ

【生地の裁ち方】

〈表〉
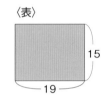
15
19

〈裏〉
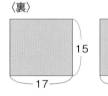
15
17

15
8

【縫い方手順】

①表地と裏地を縫い合わせる
②縫い目の端に押さえミシンをかける
③裏地を折り返してアイロンをかける
④返し口の印を付けて縫う
⑤印を付けて表地の端と合わせる
⑥左右の端を合わせる
⑦返し口から裏に返す
⑧表に返して形を整える Fin

❶表地と裏地を縫い合わせる

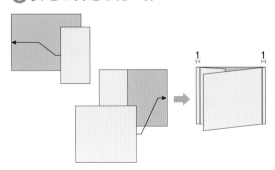

1　　　1

表地と裏地(小)を中表で合わせて固定する。もう片方の裏地も中表で合わせて固定する

両端を縫い代
1cm で縫う

❷縫い目の端に押さえミシンをかける

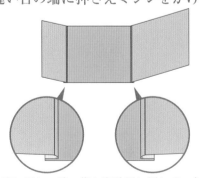

表に返し、縫い代を裏地側に倒して、左右に引きながら裏地の縫い目のきわに押さえミシンをかける

❸ 裏地を折り返してアイロンをかける

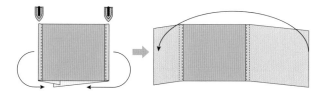

裏地を表地の端に沿って裏側に折り返し、アイロンをかける。表向きに広げて半分に折る

❹ 返し口の印を付けて縫う

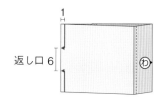

⊘の反対側の中心あたりに6cmの印を付け、返し口を残して縫い代1cmで縫う

❺ 印を付けて表地の端と合わせる

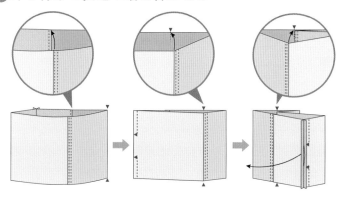

切り替え同士を合わせ、表地の中心に印を付ける

上側の表地の端を右にずらして、印と合わせて固定する。下側の表地の端も、印と合わせて固定する

❻ 左右の端を合わせる

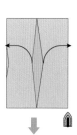

裏地を左にずらして右端を合わせて固定する。返し口を左端に合わせて折り返して固定する

❼ 返し口から裏に返す

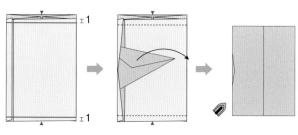

縫い代を裏地側に倒し、上下を縫い代1cmで縫う

返し口から裏に返す。返し口を1cm内側に折ってアイロンをかける

❽ 表に返して形を整える

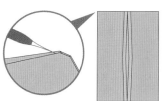

表に返して形を整え、アイロンをかける。目打ちなどでしっかりと角を出す

ファスナー付き
のお財布

型紙
参照

動画も
CHECK！

ちょっとしたお小遣いを入れるのにぴったりの、カンとファスナーが付いたお財布です。キャンディなどの小さなお菓子を入れたり、おくすりポーチにしても◎。

×××

【完成サイズ（M）】

横 13cm　縦 10cm

【材料】

表地：横 15 ×縦 11cm（2枚）、横 4 ×縦 3cm
裏地：横 15 ×縦 11cm（2枚）
ファスナー：15cm 以上
Dカン

○サイズ変換表

		S	M
完成サイズ	横	11	13
	縦	8.5	10
生地サイズ	横	13	15
	縦	9.5	11

(単位：cm)

【使用生地】

ラビット（手前）
表地：防水オックス生地 Milky rabbit
　　　／デコレクションズ
裏地：綿ポリダンガリー（ピンクベージュ）
　　　／生地のマルイシ
ネイビー（奥）
表地：綿ポリダンガリー（ティールブルー）
　　　／生地のマルイシ
裏地：綿ポリダンガリーストライプ
　　　（5mm ストライプ　グレー）
　　　／生地のマルイシ

【生地の裁ち方】

〈表地〉

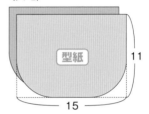

型紙

11

15

〈裏地〉

型紙

11

15

〈Dカン用〉

3

4

【縫い方手順】

①タブにDカンを通す
②Dカンを仮縫いする
③片方のファスナーを縫い付ける
④もう片方のファスナーを縫い付ける
⑤返し口の印を付けて1周縫う
⑥縫い目を避けて縫い代をカットする
⑦表に返して形を整える Fin

❶タブにDカンを通す

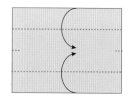

タブ用の布を裏向きに
し、上下を折る

↓

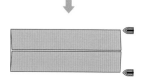

アイロンをかけ、表に返す

↓

きわに押さえミシンを1周かける

↓

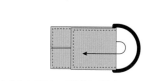

Dカンに通して半分に折る

❷Dカンを仮縫いする

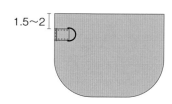

表地の上端から1.5cm（ミシンの押さえが幅
広の場合は2cm）測って印を付ける。タブの
上端と印を合わせてきわを縫う

❸片方のファスナーを縫い付ける

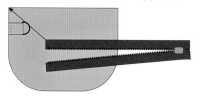

開いたファスナーを裏返し、②の表地
と中表で合わせて固定する

↓

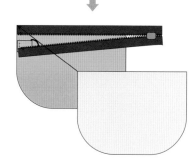

裏地を中表で合わせ固定する

↓

上端から0.5cm下を縫う

↓

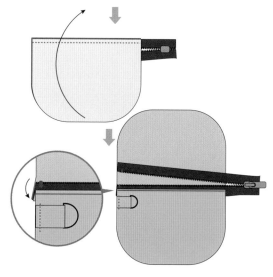

表に返して広げ、縫い代を表地側に倒す。表地
のきわに押さえミシンをかける

④ もう片方のファスナーを縫い付ける

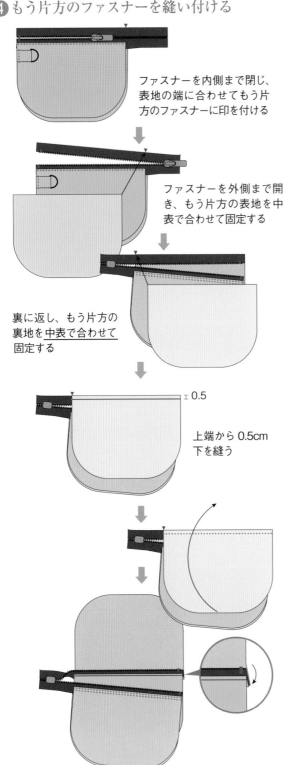

ファスナーを内側まで閉じ、
表地の端に合わせてもう片
方のファスナーに印を付ける

ファスナーを外側まで開
き、もう片方の表地を中
表で合わせて固定する

裏に返し、もう片方の
裏地を<u>中表で合わせて</u>
固定する

ɪ 0.5

上端から 0.5cm
下を縫う

表に返して広げ、縫い代を表地側に倒す。表地
のきわに押さえミシンをかける

⑤ 返し口の印を付けて１周縫う

ファスナーを内側まで閉じる

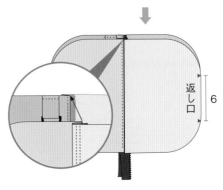

返し口
6

表地同士、裏地同士を<u>中表で合わせ</u>、
裏地のカーブの中心あたりに６cmの
印を付ける

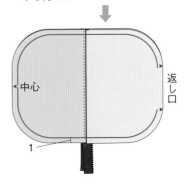

中心

返し口

1

表地のカーブの中心を始点に、返し口
を残して２回に分けて縫う

❻ 縫い目を避けて縫い代をカットする

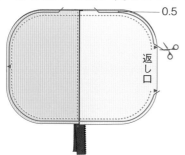

返し口とファスナーの端以外の縫い代を 0.5cm カットする

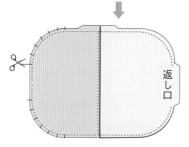

表地側の２つのカーブに、縫い目を避けて切り込みを数か所入れる

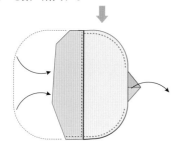

返し口からすべて表に返す

返し口から指を入れてカーブを整える

❼ 表に返して形を整える

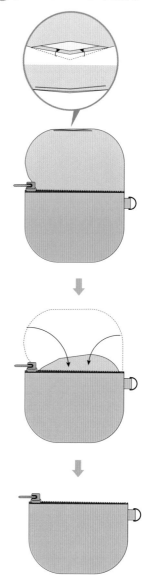

返し口を1cm内側に折って縫い閉じ、裏地を中に入れて形を整える

移動ポケット

動画も
CHECK！

外側がティッシュケースになっている移動ポケット。マチがあるので厚手のハンドタオルやリップクリームなどの小物も入ります。ホック付きなので中身が落ちず、安心です。

×××

【完成サイズ】
横 15cm　縦 11.5cm　マチ 4 cm

【材料】
表地上：横 17 ×縦 10cm
表地下：横 17 ×縦 24cm
裏地：横 17 ×縦 28cm
リボン：幅 0.7 〜 1 ×長さ 18cm
ホック：1 組
クリップ：1 セット

【使用生地】
ラベンダー（手前）
表地上：綿ポリダンガリーストライプ
　　　　（5 mm ストライプ ペールラベンダー
　　　　／生地のマルイシ
裏地上：綿ポリダンガリー（ペールラベンダー）
　　　　／生地のマルイシ
ネイビー（奥）
表地下：オックス生地 Vintage flower - navy
　　　　／デコレクションズ
裏地：綿ポリダンガリーストライプ
　　　　（3 mm ストライプ グレー）／生地のマルイシ

【生地の裁ち方】
〈表地上〉　　　〈裏地〉

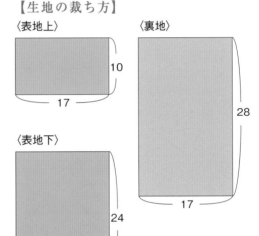

〈表地下〉

【縫い方手順】
①表地の横 1 辺を三つ折りにする
②上下の表地を重ねて縫う
③リボンを縫う
④裏地を縫い合わせる
⑤縫い目を割ってアイロンをかける
⑥両端の上下に印を付ける
⑦印同士を合わせてマチをつくる
⑧両端を縫う
⑨表に返して形を整える
⑩入口のきわに押さえミシンをかける
⑪ホックを付ける
⑫クリップを付ける

❶ 表地の横1辺を三つ折りにする

〈表地上〉

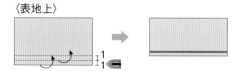

〈表地下〉

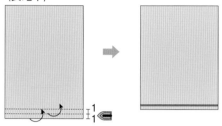

上下の表地を裏向きにし、横一辺をそれぞれ
1cm＋1cmの三つ折りにしてアイロンをか
ける。きわに押さえミシンをかける

❷ 上下の表地を重ねて縫う

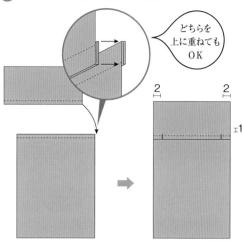

どちらを
上に重ねても
OK

上下の表地を表向きにし、　左右から2cm測り、
三つ折りにした部分を1　重なる部分を縦に縫
cm重ねて固定する　　　　う

❸ リボンを縫う

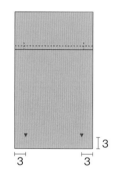

下端から3cm測ってリボンを固定す
る。左右から3cm測り印を付ける

左右の印に合わせて長方形に縫う

❹ 裏地を縫い合わせる

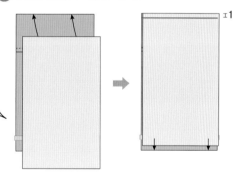

裏地が
短いのは
スッキリ
仕上げるため！

表地と裏地を 中表で合わせ、上辺を縫い代1
cmで縫う

下辺を縫い代1cmで縫う

❺縫い目を割ってアイロンをかける

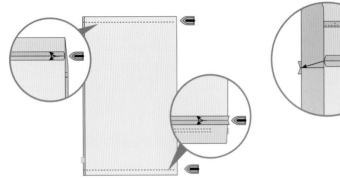

上辺と下辺の縫い目を割ってアイロンをかける

❻両端の上下に印を付ける（裏面にも）

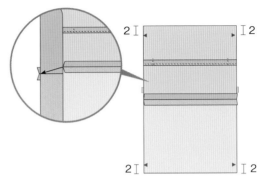

縫い目同士を合わせて固定し、両端の上下から2cm測って印を付ける。裏面も同じように印を付ける

❼印同士を合わせてマチをつくる

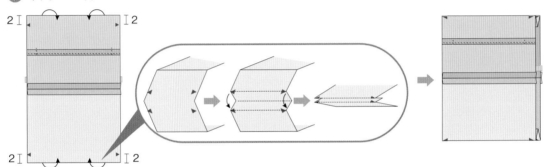

表裏の印同士を合わせて、上下の辺を内側にたたむ

❽両端を縫う

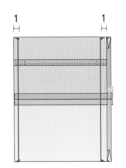

両端を縫い代1cmで縫う

❾表に返して形を整える

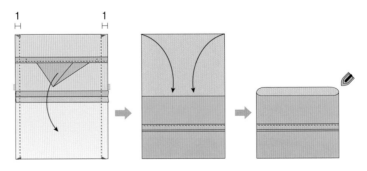

ティッシュポケットの口から表に返し、裏地を表地の中に入れる

ポケットの口にアイロンを1周かける

⑩ 入口のきわに
　　押さえミシンを
　　かける

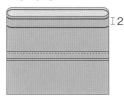

ポケットの口のきわに押さ
えミシンを1周かけ、<u>ティッ
シュポケット側だけに上辺
から2cm下を縫う</u>

⑪ ホックを付ける

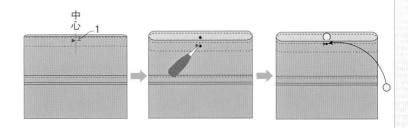

中心に印を付け、上端から1cm下に<u>裏側も一緒
に</u>穴を開ける

ホックを付ける

⑫ クリップを付ける

Fin

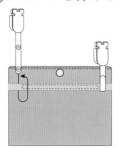

縫っていないリボンにクリップを通す

お名前キーホルダー

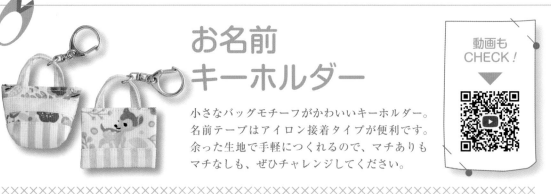

動画も CHECK！

小さなバッグモチーフがかわいいキーホルダー。
名前テープはアイロン接着タイプが便利です。
余った生地で手軽につくれるので、マチありも
マチなしも、ぜひチャレンジしてください。

×××

【完成サイズ（M）】
横 6 cm　縦 4.5cm　マチ 2 cm

【材料】
表地上：横 7 ×縦 4.5cm（2枚）
表地下：横 7 ×縦 6 cm（マチなし＝縦 4 cm）
持ち手：横 8 ×縦 3 cm
名前テープ
綿：少量
キーホルダー

【使用生地】
マチあり（左）
表地：防水オックス生地 アールグレイフラワー
　　　／デコレクションズ
裏地：YUWA Casual stripe　オフ×ピンク
マチなし（右）
表地：防水オックス生地 Fawn
　　　／デコレクションズ
裏地：綿ポリダンガリーストライプ
　　（5mm ストライプ ミントグリーン）
　　　／生地のマルイシ

【生地の裁ち方】
〈表地上〉

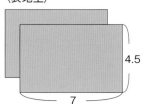

4.5

7

〈表地下〉

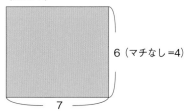

6（マチなし=4）

7

〈持ち手〉

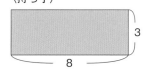

3

8

【縫い方手順】

①上下の表地を縫い合わせる
②もう片方の上布を縫い合わせる
③上下を折ってアイロンをかける
④名前テープを貼る
⑤両端を縫う
⑥マチをつくって縫う
⑦表に返す
⑧持ち手ひもの印を付ける
⑨持ち手ひもをつくる
⑩持ち手ひもを縫う
⑪キーホルダーを付ける

❶ 上下の表地を縫い合わせる

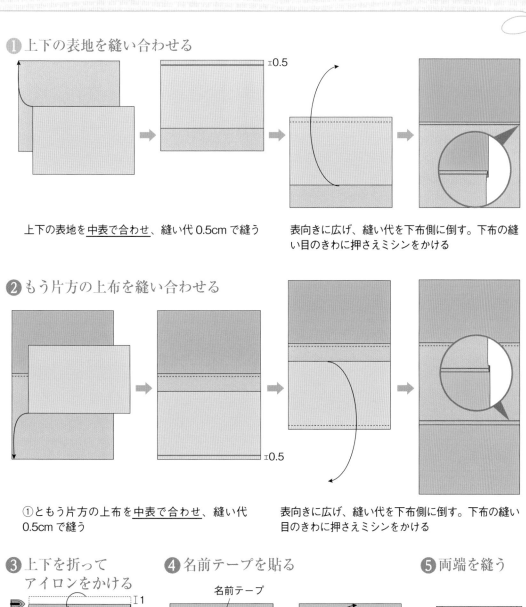

上下の表地を<u>中表で合わせ</u>、縫い代 0.5cm で縫う

表向きに広げ、縫い代を下布側に倒す。下布の縫い目のきわに押さえミシンをかける

❷ もう片方の上布を縫い合わせる

①ともう片方の上布を<u>中表で合わせ</u>、縫い代 0.5cm で縫う

表向きに広げ、縫い代を下布側に倒す。下布の縫い目のきわに押さえミシンをかける

❸ 上下を折って アイロンをかける

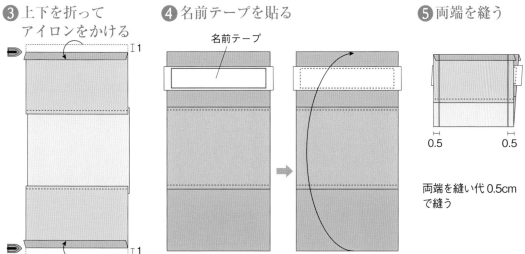

裏向きに広げ、上下を 1cm 折ってアイロンをかける

❹ 名前テープを貼る

名前テープ

表に返して上布の中心あたりに名前テープを固定し、きわを 1 周縫う。半分に折る

❺ 両端を縫う

0.5　　0.5

両端を縫い代 0.5cm で縫う

❻ マチをつくって縫う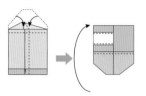

マチなしは
とばして⑦へ！

袋状になった生地を開い
て底の部分を三角に折る

それぞれの三角に2cmのマチ
を測って縫う。縫い代0.5cm
を残してカットする

❼ 表に返す

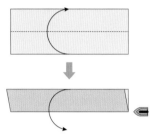

表に返す（マチあり、マチなし共通）

❽ 持ち手ひもの印を付ける

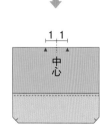

口の両端をしっかりアイロン
で押さえる

中心

中心から左右に1cmず
つ測って印を付ける

❾ 持ち手ひもをつくる

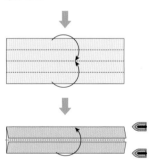

持ち手ひも用の布を裏向きに
し、横半分に折ってアイロン
をかける

裏向きに広げ、中心の折り目に合わ
せて上下を折ってアイロンをかける

さらに半分に折ってアイロンをかける

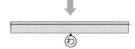

わの反対側のきわを縫う

⑩ 持ち手ひもを縫う

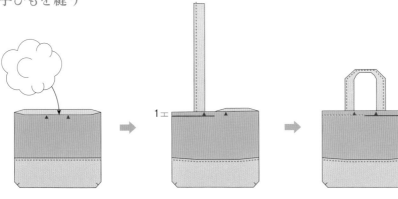

マチ付きの場合は綿を入れる。⑧で付けた印に、持ち手ひもの内側を合わせて1cm挟んで固定する。上辺のきわを半分まで縫う

もう片方の持ち手ひもを1cm挟んで固定し、最後まで縫う

⑪ キーホルダーを付ける Fin

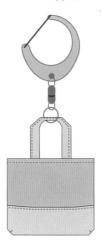

持ち手にキーホルダーを付ける

おこそとのほもよろ

えけせてねへめれ

うくすつぬふむゆるん

いきしちにひみ　りを

あかさたなはまやらわ